GUIDE DE SURVIE EN OPEN-SPACE

PÉTRONILLE

GUIDE DE SURVIE EN OPEN-SPACE

(PARCE QUE LES COLLÈGUES, ÇA VA BIEN 5 MINUTES !)

Des bingos bonus à télécharger ! Rendez-vous en dernière page.

TUT-TUT

Dans la même collection

Guide de survie du jeune papa, Laurent Moreau

Guide de survie de la jeune maman, Marie Thuillier

Tut-tut est une marque des éditions Leduc.s.

Découvrez la totalité du catalogue Leduc.s et achetez directement les ouvrages qui vous intéressent sur le site : **www.editionsleduc.com**

Illustrations : Geoffo

17 rue du Regard
75006 Paris - France
info@tut-tut.fr

ISBN : 978-2-36704-047-9

Ce livre est dédié à Gigi (de Mat' Sup').

Sommaire

Le quotidien 97

Les blagues à faire ou à ne pas faire ; la vérité sur les réunions (souvent relou, mais pas toujours, mais très souvent quand même) ; les conseils pour continuer à buller sévère au bureau ou pour faire caca sans vous faire démasquer… oui, on a prévu tout ça pour vous permettre d'affronter le quotidien. (De rien.)

La survie 133

Chuck Norris a dit : *« Il y a deux types de gens. Chuck Norris, et les autres. »* Si vous voulez être le Chuck Norris de l'open-space, vous trouverez dans cette rubrique les astuces pour survivre au collègue qui veut absolument être votre ami (alors que vous, non) et les feintes pour garder votre dignité en toute circonstance. Et aussi des bisous, c'est bien, les bisous.

Bienvenue dans l'open-space !

Une idée reçue assez répandue sur l'open-space ? C'est réservé aux entreprises « cool », « créâââtives », « jeunes-tu-vois ». Or, on peut tout à fait être obligé de travailler en open-space alors qu'on fait un travail sans une seule once de cool-jeune-tu-vois dedans. Selon une étude de 2008, 60 % des entreprises sont organisées en open-space : n'essayez pas de nous faire croire que 60 % des entreprises françaises sont « cool » et « jeunes-tu-vois ».

Par exemple, Toussu SARL, société mayennaise spécialisée dans le retraitement d'abats de poissons depuis 1965, possède peut-être un open-space. Mais on ne peut pas dire qu'à première vue ce soit une entreprise « cool » et « jeune-tu-vois », même si son personnel est sans doute tout à fait charmant et efficace.

Donc, environ 60 % des Français occupant un poste sédentaire dans une entreprise travaillent en open-space. Avec Jean-Relou, Marie-Pénible, et Collègue Quipu. Pas de panique. L'open-space, ce n'est pas que de l'espionnage permanent, du vol à l'arraché de Stabilo, et des ficus en voie de pétrification. L'open-space, c'est aussi du rire, de l'amitié, et des photos de chaton qui tournent. (Non mais en vrai il y a des gens qui aiment bien, hein.) Laissez-nous vous expliquer tout ça, et vous donner des astuces pour simplifier votre quotidien (par exemple, ne pas dire n'importe quoi au Grand Grand Chef, rester digne pendant la soirée de Noël, faire caca avec discrétion et buller à mort).

Vous n'avez encore jamais travaillé en open-space ? Vous vous y traînez cinq jours par semaine depuis dix ans ? Vous avez un bureau et vous voulez offrir ce livre aux sans-bureau pour les narguer ? (C'est mal.) Quel que soit votre profil, vous avez forcément envie d'en savoir plus sur cet univers impitoyable et, coup de bol, vous tenez dans vos mains le guide ultime de survie en open-space.

Bonne lecture, et bien cordialement.

La découverte

25 petites joies de l'open-space

1. Profiter des nocturnes pour organiser des courses de chaises à roulettes en criant : « Vers l'infini et au-delà ! »

2. Faire des cocottes en papier avec les sorties imprimante de Marie-Pénible (pour lui montrer le principe du recyclage, elle qui continue d'imprimer des articles web en double sur papier brillant avec farandole de couleurs quadri jet).

3. S'acheter ses propres petites viennoiseries et les manger uniquement avec les gens que vous aimez bien. (Comme ça le Sous-Chef qui ne dit jamais bonjour et a l'air de détester tout le monde aura au moins une bonne raison.)

4. Avoir un stagiaire (pour lui apprendre des trucs, l'encourager, lui dire qui a couché avec qui même s'il se roule en boule en se bouchant les oreilles et en suppliant : « Je veux pas savoir ! Je veux pas savoir ! »).

5. Arriver à 9 h 45 les jours de grève parce que vous avez réussi à prendre la bande d'arrêt d'urgence ou l'ultime centimètre cube dans le bus. Prétendre être au travail depuis des heures quand tout le monde arrive à 9 h 48 et vous octroyer tout naturellement deux heures de pause déjeuner.

6. Ne jamais louper d'info importante (résultat de match, naissance d'enfant moche, fait divers immonde), puisque de toute façon les gens se crient leurs

commentaires d'une longue rangée de bureaux à l'autre.

7. Voir que le voisin regarde la même vidéo de bébé rhinocéros qui fait du vélo que vous, et échanger un sourire complice.

8. Apprendre plein de trucs confidentiels rien qu'en allant chercher ses feuilles à l'imprimante ; comme les boulets impriment des trucs secrets et les laissent traîner là deux mois.

9. Entendre Jean-Relou demander « oh, vous connaissez ce site, YouTube ? » et rigoler plus ou moins discrètement.

10. Aller discuter à voix basse avec quelqu'un des fesses de Scarlett Johansson (clairement refaites) ou du prochain match de D2 (ils vont prendre cher) et faire semblant de prendre des notes pour que tout le monde pense que vous « brainstormez ».

11. Avoir tout le temps quelqu'un qui sait ce qui se passe dans la salle de réunion (où Marie-Pénible et le Chef s'engueulent « en toute discrétion » derrière les murs en verre).

12. N'être jamais à court de stylos (finalement comme il n'y a pas de cloisons dans l'open-space, c'est un peu partout votre bureau, et par extension votre pot à crayons).

13. Ne même pas avoir besoin de Doctissimo pour se faire diagnostiquer un cancer des testicules quand vos règles sont en retard, vu que tout le monde y va de son petit diagnostic.

14. Jouer à Questions pour un champion à quarante pour se souvenir sans Google de l'immatriculation des Deux-Sèvres (Jean-Relou soutient que ça n'existe pas).

15. Être prêt d'avance à avoir des enfants grâce aux parents de l'open-space qui pensent que c'est mal de mentir à la prochaine génération, et vous expliquent le colostrum et le bouchon muqueux pendant la Journée choucroute à la cantine.

16. Avoir 25 glandus qui chantent « Joyeux zaaanniiiversaaaaire » pendant que vous ne savez pas où vous mettre (et noter soigneusement leurs anniversaires pour vous venger).

17. Faire un repas de Noël le 22 décembre quand le Chef est aux Maldives, goûter quatre quiches maison différentes, boire du mousseux et se retrouver tous pompettes à 13 heures. Et partir à 15 parce que c'est l'esprit de Noël, quoi.

18. Voir 637 photos de bébés moches au fil des mois, affirmer qu'ils sont adorables, arriver un jour avec 200 de plus, entendre les collègues jurer que c'est le plus beau bébé du monde.

19. Recevoir des cartes postales adressées à *« Open-Space »*, où les enfoirés partis en vacances écrivent juste : *« Je suis en vacances, pas vous, bisou »*, mais qui font un peu plaisir quand même.

20. Avoir un accord tacite sur une non-activité totale le 2 mai et le 15 juillet, un peu comme le Fight-Club (on fait partie du Fight-Club, mais personne ne parle du Fight-Club).

21. Quand on a mal au crâne, souffrir un peu moins parce que quatre personnes différentes vous proposent de l'aspirine, en chuchotant.

22. Savoir très exactement qui a fait le sexe avec qui chez les chefs et croiser les membres du comité de direction en les saluant mentalement (« Tiens, voilà Zaza la gourmande, encore à traîner avec Jean - « Debout dans le local poubelle » - Michel, hinhinhin »).

23. Raconter la fin des films très fort quand on vous embête (et à la fin, en fait on apprend que Bruce Willis était mort tout du long !).

24. Narguer 37 personnes d'un coup quand vous revenez de vacances avec un air de baroudeur et un bronzage de star (ou même le nez pelé ; pour des gens qui ont passé les quinze derniers jours sous la lumière blême des néons, c'est pareil).

25. Dire à peu près autant de mal des autres que vous le faisiez au collège, mais avec un salaire.

Bingo du Collègue Boulet

C'est à lui qu'on refile les dossiers que la boîte n'a plus envie de gérer.	Il met 2 jours à faire ce que stagiaire de 3e qui est là en Circuit Découverte peut plier en 2 heures.	Phase fétiche : **« *Bon, je ne veux pas dire du mal mais...*** + balance la responsabilité de ses erreurs sur les absents **»**
Les collègues vous filent leur crème au chocolat le midi à la cantine quand ils apprennent que vous devez bosser avec lui (pour le réconfort).	Il parle beaucoup en réunion pour mettre son « *travail* » en avant. De manière générale, il est toujours « charrette ».	Il est là depuis très longtemps (même si personne ne sait vraiment à quoi il sert).
Il a un post-it « *cliquer deux fois pour ouvrir les trucs* » collé discrètement sur le bas de son écran.	Phrase fétiche : ***« Non mais c'est le stagiaire qui a merdé »***.	Son prénom est devenu un nom commun, synonyme de grosse foirade, genre « *le serveur réseau a fait un Gérard la nuit dernière, on est dans la merde* ».

5 vérités sur les boîtes qui ont l'air « cool »

(à première vue - mais on ne juge pas un moine par son maillot de bain)

1. **Il y a une console et c'est trop bien :** on peut jouer ! ... Jusqu'à ce que les chefs coupent la partie, un peu comme votre maman quand vous étiez en 4e et vous rappellent qu'il y a une proposition graphique à terminer pour demain 8 heures. Allez, travaillez bien, bonne soirée.

2. **Il y a des plantes, c'est green, c'est bio, c'est convivial, c'est citoyen...** Jusqu'à ce que vous réalisiez que 1) personne ne s'en occupe et que vous vivez au milieu des ficus décédés ; 2) que les gens des boîtes cool ont à peu près le même cycle de vie qu'un yucca mal arrosé. À moins de faire partie de l'espèce des plantes carnivores, en huit mois, ils finissent à la poubelle.

3. **C'est blanc, c'est propre, c'est moderne !** ... Jusqu'à ce vous réalisiez que le blanc des murs, le blanc des bureaux, le blanc des sièges, c'est la couleur déconseillée par la médecine du travail pour une bonne raison : au bout de six heures, vous avez les yeux qui pleurent et vous voyez Dieu, ou alors une pizza ; en tout cas, des taches bizarres.

4. **Il y a un baby-foot.** Vous êtes bien content de récupérer vos collègues après leur petite pause-sueur.

5. **Comme c'est bien-être, c'est famille, c'est moderne, les gens n'ont aucun souci à accrocher les photos de leur chien, ni à venir avec.** Dites bonjour à Attila, le dogue allemand sans collier, pas dressé parce que « c'est un amour, j'ai pas le cœur à lui donner des ordres » – 'tention la main !

5 erreurs des débutants de l'open-space

1. Attendre que le Chef soit parti pour passer ses coups de fil perso ou partir avant l'heure. Ce n'est pas du Chef qu'il faut se méfier : l'open-space, c'est la surveillance collective. Attendez d'avoir des infos-chantage sur les autres pour leur donner des infos-chantage sur vous.
2. Mettre sa chanson préférée au casque et chanter par-dessus.
3. Mettre sa chanson préférée sans casque.
4. Se balader la braguette ouverte ou la jupe coincée dans le collant. Faites aussi des checks - crotte de nez réguliers.
5. Parler d'un sujet perso (vos préférences en matière d'épilation du maillot, votre surnom honteux du collège), en comptant sans doute sur les murs invisibles construits par les lutins magiques de l'open-space pour que l'info ne traverse pas tout le plateau.

Test : Êtes-vous fait pour travailler en open-space ?

Si vous avez un maximum de NON, il n'est pas trop tard pour devenir pêcheur d'huîtres, ou danseur étoile, ou raseur de mouton.

Vous aimez bien envoyer/recevoir des vidéos avec des pandas qui éternuent.	OUI	NON
Vous aimez faire des trucs (manger, rigoler, dire du mal des gens qui portent des Crocs), mais à plein. Tout seul, c'est pas drôle.	OUI	NON
Vous pouvez bosser dans le bruit.	OUI	NON
Vous êtes parfaitement à l'aise avec l'idée d'être payé 45 heures par semaine, pour 4 de temps réel travaillé. (Ou l'exact contraire.)	OUI	NON
Au collège, vous étiez toujours au fond à faire la bringue dans le car pendant les sorties pédagogiques.	OUI	NON
Vous appréciez toutes les petites marques de respect (par exemple, vous n'avez pas eu d'augmentation depuis sept ans, mais vous avez votre propre petit pot à crayons, et ça vous remplit de joie).	OUI	NON
Vous adorez entendre les conversations des autres (qui a couché avec Grognard des Achats, comment s'est passé le RDV gynéco de Clarice, quel temps il fait par la fenêtre).	OUI	NON

Attendre que Jean-Relou quitte son poste pour lui installer un fond d'écran SOS Mauvaise Haleine ou Christine Boutin nue, ça vous fait toujours autant poiler la 12e fois.	OUI	NON
Quand vous pouvez dire au Chef « je suis dessus ! » et finaliser une prez hyper strat dans le rush, vous vous sentez super challengé-e et en adhésion avec les valeurs corporate, et ça fait un peu battre votre cœur.	OUI	NON
Vous aimez un peu bien avoir des collègues qui vous envoient des cartes postales, vous invitent à boire des coups et hurlent : « Bon anniversaire ! » presque toujours à la bonne date. Ça s'appellerait des potes.	OUI	NON

5 types de rêves que vous allez forcément faire à un moment ou un autre

1. **Que vous faites l'amour sauvagement** avec Jean-Relou et Marie-Pénible. Sur une péniche (non mais faut pas chercher).

2. **Que tout le monde attend** que vous sortiez de l'unique salle de réunion aux parois intégralement vitrées (affectueusement surnommée « le bocal »), où vous êtes en train de faire caca.

3. **Que vous êtes au fin fond des embouteillages** alors que c'est aujourd'hui que le Grand Grand Chef passe voir qui a une agrafeuse sur son bureau pour dresser la liste des augmentations ; heureusement que vous avez un jet-pack dans la pièce secrète de chez votre instit' de CE2, dites donc, on a eu chaud !

4. **Que vous avez oublié de mettre un pantalon** le jour de votre Grande Présentation PowerPoint (mais c'est pas grave, parce que tous vos collègues sont finalement des poissons).

5. **Que vous trouvez un boulot cool,** mieux payé, où vous avez votre propre bureau (et dedans y'a une porte secrète qui mène à une plage privée).

Bonus : Que vous avez oublié de vous lever alors qu'on vous attend pour un truc ultra-important à 8 heures pétantes. Ah attendez, non, ça c'est pas un rêve. Réveille-toi vite, petit scarabée.

Le bingo du lundi matin

Incident voyageur / bouchons du lundi matin, pour commencer la semaine du bon pied. Oui, en théorie vous auriez pu dormir 25 minutes de plus.	***« Alors, bon week-end ? »*** *(Un jour, vous devriez répondre :* ***« Mais oui, on a découvert un nouveau club SM échangiste sensass ! »****, juste pour voir.)*	***« Dites, si on cale une réunion à 9 heures, c'est pas pour vous voir arriver à 9 h 10, hein. »*** *(Le vrai problème, c'est qu'un sadique ait effectivement calé une réunion à 9 heures un lundi, mais ne répondez même pas.)*
« Ça va ? » (C'est lundi matin. Donc non, ça va pas.)	***« Vivement le week-end ! »*** *(… c'est dans cinq jours. CINQ JOURS. Autant dire deux ans. Tais-toi.)*	***« Ahah, mon poste s'allume pas, ahahah, pour lui aussi, le lundi c'est dur ! »*** *(Chhht. Arrête les blagues pas drôles, y'en a qui dorment encore.)*
« Oh, dis donc, t'as une sale mine ce matin… » *(Toi, t'as une sale gueule tous les jours, mais je me tais.)*	*Le Chef est là à noter l'heure d'arrivée de tout le monde dans son fichier Pourquoi-t-es-pas-augmenté.xls.*	***« Alors, comme un lundi, hein ! »*** *(Peine de mort.)*

10 petits mots que vous risquez de trouver affichés dans l'open-space

1. « ***Si vous bloquez l'imprimante**, merci de la débloquer ou de prévenir le réparateur, au lieu de vous barrer l'air de rien, merci.* »
2. « ***La brosse à WC** n'est pas là pour décorer. Merci.* »
3. « ***À partir de 4 ans et demi**, on dépasse le stade anal et on apprend à dire au revoir à son caca. Au revoir le caca ! Et pour dire "au revoir, le caca", on tire la chasse. Merci.* »
4. « ***La personne qui a échangé** mon cordon de téléphone tout neuf avec son cordon de téléphone tout pourri est vraiment un con. Pas merci.* »
5. « ***Cet espace n'est pas une poubelle**. Merci de ne pas laisser traîner par terre vos papiers, chaussettes sales, restes de sandwiches.* »
6. « ***Ce tableau n'est pas destiné à être utilisé avec des marqueurs permanents**. Merci à celui qui a dessiné une bite, les Japonais étaient ravis.* »
7. « ***La personne qui teste le développement de nouveaux vaccins** en laissant pourrir du pâté de tête dans le bureau depuis mars dernier est priée de venir jeter ou faire breveter le résultat de ses recherches.* »
8. « ***Arrêtez de coller vos crottes de nez derrière la porte. Merci.*** »

9. *« **Cette photocopieuse est destinée à reproduire des documents** internes, pas des organes génitaux. Merci. »*

10. *« **Je sais qui pique mes Tupperware.** Pour info, ce midi, tu as mangé mes "lasagnes spéciales". J'espère que ça t'a plu, c'est mon mari qui a fourni la sauce. »*

10 mots (qui n'existent pas) des gens qui ont la win

1. **Pricing** : nom commun utilisé pour se la péter.

Exemple : « *Ils ont fait un feed-back sur le* ***pricing****, ou ils attendent l'année prochaine, ces gros cons ?* », *parce que* « *devis* », *ça fait ringard.*

2. **Forwarde** : verbe conjugué en dépit du bon sens.

Exemple : « ***Je te forwarde*** *le mail du client.* » *Parce que* « *transmettre* » *ou* « *faire suivre* », *franchement, quel intérêt ?*

3. **Anecdotique** : adjectif dont la signification échappe à tout le monde, utilisé avec un sens nouveau et mystérieux.

Exemple : « *Non mais l'incentive client est* ***anecdotique*** » *dans une phrase qui signifie en gros :* « *Si on n'atteint pas nos objectifs, la boîte fait faillite* ».

4. **Call** : mot en anglais pour faire genre.

Exemple : « *J'ai fait* ***un call*** *avec la cliente.* » *Car* « *appeler* » *ne suffisait pas (c'était pas assez* « *proactif* » *comme terme).*

5. **Proactif** : adjectif qui se la pète.

Exemple : *« Non mais si tu veux une Rolex, toi aussi tu vas devoir être* ***proactif****. » Il semblerait que ce soit un synonyme d' « essentiel » et d' « extraordinaire », grosso modo. En vrai, ça veut dire suivre tes dossiers et écouter tes clients, ce qui est certes essentiel, mais semble le minimum quand tu gagnes 87 000 euros par an.*

6. **Brainstorme** : autre mot qui n'existe pas (verbe anglais conjugué à la française et à la va-comme-je-te-pousse).

Exemple : *« Il faut qu'on se* ***brainstorme****. » Ce qui revient dans la vraie vie à manger des sushis dans une salle de réunion et décider que, « next steps », on se refait une réunion pour se caler un débriefing.*

7. **Next steps** : littéralement « prochains pas ». Remplace « prochaines étapes » ou éventuellement « étapes suivantes », qui, comme chacun sait, ne veut absolument rien dire. Alors que « next steps », tu m'excuses, au moins c'est clair.

Exemple : *«* ***Next steps****, on leur rebalance le pricing, mais plus cher, parce qu'il faut leur décompter tout le temps où on a brainstormé, hein. »*

8. **Débriefing** : nom commun, s'écrit toujours avec un accent même s'il s'agit d'un mot anglais.

<u>Exemple :</u> *« Je sais qu'il est 19 h 30, mais on se voit vite fait en salle Caraïbes pour le débriefing. » Signifie qu'on décide qu'on va être « proactifs » et faire des « calls » plus réguliers avec le client – qui n'a rien demandé. On passe donc d'« appeler quelqu'un » à « faire un appel avec quelqu'un », ce qui est vachement plus « proactif ».*

9. **Win-win** : se traduit par « gagnant-gagnant » et signifie en gros qu'au final tout le monde va faire la gueule.

<u>Exemple :</u> *« Écoute, on vous file des petites viennoiseries et vous arrêtez de geindre en permanence avec cette histoire de 35 heures,* ***c'est win-win.*** *»*

10. **Dispositif** : nom commun français qui s'écrit parfois avec des guillemets dans les mails, car les gens qui ont la win pensent que c'est un mot étranger.

<u>Exemple :</u> *« Bon, le gros est en place, maintenant je te laisse faire le fine-tuning du* ****petits guillemets en l'air avec les doigts* DISPOSITIF *petits guillemets en l'air avec les doigts****, *là faut qu'je file, j'ai un train pour Deauville, mais tu me montres ça lundi matin, hein ? » Équivaut au vrai travail que les équipes vont devoir se taper derrière, une fois que le type qui a la win aura fait signer n'importe quoi au client en l'embrouillant avec des mots qui n'existent pas.*

Se fondre dans le paysage.

10 points communs entre l'open-space et le monde de Harry Potter

1. **L'armoire à fournitures, c'est un peu la Salle sur demande** : on ne la trouve pas toujours au même endroit.
2. **La nouvelle boss ressemble à Ombrage** : elle kiffe les chatons et parle avec une petite voix sucrée, mais à l'intérieur c'est une sadique qui rapporte tous vos faits et gestes au ministère.
3. **Marie-Pénible finit par se taper Jean-Relou** lors d'une soirée très arrosée (j'espère que je ne spoile personne).
4. **Les augmentations, c'est un peu comme une partie de Quidditch** : vous ne comprenez pas les règles ; la seule chose de claire, c'est que c'est pas vous qui avez choppé le Vif d'or.
5. **Quand on réunit toutes les équipes dans la salle commune** pour dire que la Crise est à nos portes, ça ne moufte pas.
6. **Les animations des séminaires** sont toujours hyper-pourries et dangereuses (genre sortie au Parc des Princes sous la neige, concours d'apnée d'une heure dans un lac d'eau croupie).
7. **Il y a un bureau rempli de Serpentards** qui disent du mal de tout le monde et piquent les Danette dans le frigo.

8. **Des fois comme par magie**, vos diapos PowerPoint s'inversent ou se convertissent en idéogrammes pendant la nuit, et vous vous en rendez compte *durant* la présentation.

9. **On se prend des Cognards dans le dos** sans savoir vraiment d'où ça vient.

10. **Le stagiaire, il fait pas trop le malin,** jusqu'au jour où on lui file une chaussette-CDD et là il ne se sent plus.

Bonus : Quand ça finit enfin, on regrette vaguement (mais juste vaguement – en vrai on est hyper-soulagé même si on ne peut pas vraiment le dire).

20 très bonnes excuses pour arriver en retard

1. **Je vais être en retard**, le train a crevé.
2. **Je vais être en retard**, mon chien a avalé mes clés. (J'ai dû attendre qu'elles fassent le tour.)
3. **Je vais être en retard**, le Front de Libération des Knackis a bloqué ma ligne de bus.
4. **Je vais être en retard**, j'attends que la loi contre les gens qui disent « alors, comme un lundi, hein ? » soit votée.
5. **Je vais être en retard**, j'attends le réparateur de Minitel.
6. **Je vais être en retard**, j'ai dû déposer mon enfant à la crèche. Comment ça, j'ai pas d'enfant ? C'est quoi ces jugements sur ma vie personnelle ?!
7. **Je vais être en retard**, j'ai fait tomber ma boîte d'allumettes et il fallait que je les range toutes dans la boîte, exactement dans l'ordre. C'est essentiel, l'ordre.
8. **Je vais être en retard**, j'attends mon plombier. Il s'appelle Flavio, sa peau sent la plage et l'océan et ses yeux sont de braise... non, j'ai pas fait exprès de boucher mon évier.
9. **Je vais être en retard**, c'est pas moi, c'est le changement d'heure. (Quoi, y'a deux mois ? Bah, ça a tout chamboulé mon biorythme.)

10. **Je vais être en retard**, je suis entendu par le FBI. Non, je ne peux pas dire à quel propos, c'est le FBI, mec.

11. **Je vais être en retard**, j'attends que la pluie s'arrête. Quoi « en novembre c'est pas près de s'arrêter ? » Ben je suis pas près d'arriver alors.

12. **Je vais être en retard**, j'ai commencé la journée par ma séance de yoga habituelle et je me suis bloqué-e dans la posture de la « belette indécise ».

13. **Je vais être en retard**, ma chaussure arrière a perdu sa jante sur l'autoroute.

14. **Je vais être en retard**, mon ficus a fait une crise d'angoisse.

15. **Je vais être en retard**, j'avais pas compris qu'il fallait venir tous les jours.

16. **Je vais être en retard**, mais j'ai un mot de ma Maman.

17. **Je vais être en retard**, j'ai décidé de caler mes horaires sur ceux du Grand Grand Chef (11 heures - 15 heures), eh, tu me connais, l'ambition me dévore.

18. **Je vais être en retard**, j'ai déposé mon môme à l'école et il ne voulait pas me quitter (parce que je pleurais... un peu... non mais j'avais un truc dans l'œil).

19. **Je vais être en retard**, j'ai perdu un pari et du coup je dois marcher à reculons (en chantant le best-of de la Compagnie Créole).

20. **Je vais être en retard**, j'ai dû faire demi-tour pour rentrer chez moi enlever mon pyjama et mettre des vrais habits (très dommage, si tu veux mon avis, j'ai un pyjama Spiderman, la classe totale).

5 endroits de l'open-space à éviter à tout prix

1. **Le bureau qui tourne le dos à l'entrée.**
   Tout le monde va regarder ce que vous faites en entrant. Tout le monde. Y compris le Chef, qui comme par hasard ne passera que quand vous prenez 12 secondes (montre en main) pour regarder sur Facebook si votre meilleur pote a eu ses résultats d'analyse. Et le Grand Grand Chef (qui, lui, ignore totalement ce que peut bien être Facebook, mais va trouver votre bureau en désordre, et se dire que quelqu'un qui n'a pas une agrafeuse à portée de main ne peut pas être sérieux).

2. **La place à côté de la fenêtre.**
   Oui, des fois, en penchant la tête à 67 degrés sur la gauche, vous pouvez voir le ciel (position super naturelle qui explique peut-être vos douleurs chroniques au cou). Mais dans la vie, il y a ceux qui ont chaud, et ceux qui ont froid. Ceux qui veulent que la fenêtre soit ouverte, et ceux qui veulent que la fenêtre soit fermée. Et vous, vous êtes au milieu du champ de bataille.

3. **La place sous la clim.**
   Réservez directement un créneau chez votre généraliste une fois tous les quinze jours, vous gagnerez du temps.

4. **N'importe quelle place entre les deux connards qui ont 34 bureaux entre eux deux ...**
   et continuent de se parler en hurlant à longueur de journée.

5. **Les WC à caca ...**
   (mais si, vous savez, ceux un peu planqués, à côté du local-photocopie...) juste après le passage du Chef, qui est sorti de là avec l'air hyper-satisfait, le journal à la main.

... et 5 astuces pour relativiser sa place pourrie dans l'open-space

1. Vous pourriez être deux par bureau...
2. Vous pourriez bosser au sous-sol...
3. Vous pourriez faire du co-desking...
4. Vous pourriez devoir louer la place de travail, à l'heure, et vous prendre des amendes quand le parcmètre expire...
5. Vous pourriez bosser *dans* les WC à caca.

10 phrases qui ne veulent rien dire (niveau hardcore)

1. ***« Il faut anticiper l'overlap »***
(je peux déjà anticiper le mal de crâne, mais l'overlap, je vois pas trop...)

2. ***« On va superviser le fine-tuning du devis »***
(... je comprends pas, tu veux lui rajouter des jantes lumineuses ?)

3. ***« Pas d'inquiétude, on reste iso »***
(c'est pas à proprement parler de l'inquiétude, plutôt comme une sorte de mur total d'incompréhension)

4. ***« Pas de problème sur le going »***
(aucun problème, j'ai bu à midi, tout va bien, je vais te laisser parler)

5. ***« On va go down sur la granularité »***
(quel rapport avec les Granola ? tu veux sortir prendre un goûter, c'est ça ?)

6. ***« Il faut adresser intelligemment »***
(non, ce qu'il faut faire, c'est arrêter de parler comme un gros branlos)

7. ***« Vous avez un feed-back sur le pricing ? »***
(je sais qu'il y a marqué « bilingue » sur ton CV, mais bilingue, c'est parler deux langues dans l'absolu, pas à la fois dans le même mot, Pedro)

8. ***« On est bon sur le set up, maintenant next steps... »***
(le type, on sait pas s'il parle d'un projet ou s'il propose une partie de Twister)

9. ***« Pas besoin de go-back sur les "Ka Pi Ayes" ? »***
(soit tu dis Ka-Pé-Hi à la française, soit tu dis « Kai-Pi-Ayes » à l'anglaise ; soit tu dis rien… attends, non, rien c'est mieux en fait)

10. ***« On va clozer le point… »***
(pendant que tu « closes » des trucs, moi je vais ouvrir une bière, hein)

15 trucs bizarres du restaurant d'entreprise

(que vous aviez oubliés, mais qui vont vous revenir immédiatement en mémoire)

1. **Les feuilletés dits *« au fromage »*** mais qui cachent en fait une sorte de béchamel à la chaux.
2. **Les œufs durs servis chauds** avec, brillante idée, de la sauce blanche.
3. **Les spaghettis à la bolognaise** qui ont l'allure de spaghettis à la bolognaise, le nom de spaghettis à la bolognaise, presque le goût de spaghettis à la bolognaise, mais qui bizarrement, sentent la Javel.
4. **Les panés** dans lesquels le seul ingrédient identifiable est la panure. Le reste, si c'est du poisson, du poulet, de l'agneau, du poney... on sait pas.
5. **Les *« épinards »*** qui – gain de temps, productivité – sont clairement déjà digérés.
6. **La glace blanche et rose en petits pots** (on ne va pas dire « vanille-fraise », sinon vous allez croire que ça a du goût).
7. **Les poireaux-vinaigrette**. Sans déconner. Si Mme Poudric de l'école élémentaire de Bourg-les-Fouines n'a pas réussi à vous les faire bouffer malgré deux heures de colle hebdomadaires, c'est pas maintenant que vous allez vous y mettre.

8. **Le céleri-rémoulade** (toute votre enfance, vous avez cru que « rémoulade » ça voulait dire « plâtre » ; maintenant que vous êtes adulte, vous pouvez voir que c'est vrai).

9. **Les endives au gratin**. Vingt ans à construire des barrières mentales pour les oublier ; mais non, elles étaient là, les ordures, elles guettaient dans l'ombre, patiemment.

10. **Le petit pain tout sec** que vous prenez par réflexe parce que c'est compris dans le prix, que vous ne touchez pas, mais que vous jetez consciencieusement jour après jour, creusant un puits sans fond de culpabilité dans votre conscience.

11. **La portion de clacos individuelle** (celle que vous jetiez au plafond quand vous étiez petit, pour colmater les brèches ; comme quoi les enfants ça a parfois de bonnes idées, parce que comme enduit, ça va beaucoup mieux que comme fromage).

12. **Les pommes de terre en conserve** (c'est fou comme il y a des trucs qui réussissent bien aux pommes de terre, l'huile de friture, le beurre salé ou l'aneth, par exemple - scoop : la conserve n'est pas sur cette liste).

13. **Le yaourt au parfum** que personne ne veut (abricot, noix de coco, citron, morve).

14. **L'assaisonnement du chef** : un bout de verre, un cheveu inconnu, c'est toujours une surprise.

15. **Les petites tranches de pâté en croûte**, pourquoi, mais enfin, pourquoi ?

Bonus : La galette des Rois individuelle, sans fève. Quelle grosse bande d'enfoirés. Et on s'étonne qu'il y ait la guerre dans le monde ?

5 moments de sueurs froides que vous allez sans doute vivre dans l'open-space

1. *« Pffft, 22 h 37, enfin fini, et là je sauvegaaaaaaPUTAIN POURQUOI ÇA S'ÉTEINT ??? »*
2. En réunion *client à 600 bornes du bureau, la clé USB est vide.* Oh, il y a bien un doc « Prez-urgente.ppt » mais quand vous cliquez dessus, ça ouvre un .txt qui contient uniquement *« 13JoIđŁÚY98B67BP9đŁÚNđŁÚpm_yP9Y »*.
3. *« Quel gros con… attends, je vais répondre à Mimi qu'il est hors de question que je fasse ce que suggère ce gros con… envoyer… attends, putain, j'ai fait "répondre à tous" ! ce gros con est dans la boucle ! »*
4. *« Non mais lui, quel gros con… Non ? Attends… il est juste derrière moi, c'est ça ? »*
5. *« Comment ça y'a gros con qui m'attend dans son bureau ? »*

Se rendre indispensable.

5 inconvénients du bureau quand il fait chaud

1. **Les pieds qui gonflent**. Du coup tout le monde enlève plus ou moins discrètement ses pompes sous son bureau. Du coup ça sent plus ou moins discrètement le rat crevé.
2. **L'odeur. Tout est multiplié par trois :** la clope, la transpiration, le fast-food.
3. **Les gens qui parlent de leurs vacances trop bien** à l'autre bout du monde pour dégoûter tout l'open-space d'un coup. Indice : ça fonctionne très bien. Et vous ? Oh, vous, vous avez utilisé presque tous vos jours de congés pour vos trois gastros aiguës de cet hiver. Du coup, vous partez cinq jours en Bretagne.
4. **Les collègues qui insistent pour aller pique-niquer,** et s'asseoir dans l'herbe pelée d'un parc pourri. C'est là que vous chopez le premier coup de soleil, qui crame juste les chevilles, ou qui laisse une trace improbable d'encolure en corolle, ou de lunettes en forme de papillon. Elle va rester là deux mois.
5. **L'envie de boire du mojito dès 9 heures du matin.** Au travail. Soit vous y pensez toute la journée sans le faire, et ça fait pleurer des larmes de pluie venues de pays, etc. Soit vous le faites, et arriver blindé au rhum blanc dès potron-minet, ça peut comme qui dirait vous attirer des petits soucis.

10 bonnes raisons pour ne pas aller bosser quand il fait froid

1. **Parce que par réflexe, on va commander du mauvais vin et de la tartiflette à midi.** Et décéder lentement dans les vapeurs de piquette jusqu'au soir venu.

2. **Parce qu'on va entendre ses voisins d'open-space dire « pfiouuuu ça caille dehors...** il est où le réchauffement climatique, hein ? Ahahah ! » 68 fois exactement, 68 fois. Il y en a qui ont aspergé leur bureau d'essence pour moins que ça.

3. **Parce que la nuit tombe à 16 heures et que les rares heures de jour (ou même, soyons fous, de soleil !), vous allez les passer à lire des mails clients intitulés « RE :TR :RE TR :RE :RE :RE** Question stupide qu'on vous a déjà posée 8 fois ».

4. **Parce que tout le monde va vous proposer un demi-croissant ou le deuxième Twix, sous prétexte que c'est pas grave,** il faut bien faire des réserves, il fait froid. Multiplié par les 46 personnes de l'open-space, ça vous assure une couche de gras protectrice hyper-efficace (qui sera efficace au moins jusqu'en juillet).

5. **Parce qu'on ne peut plus rien demander à Marie-Pénible**, qui passe ses journées à pleurer en regardant ses photos de plage de l'été dernier.

6. **Parce qu'on va vous envoyer le même clip avec votre tronche sur le corps d'un lutin qui danse.** Encore. Le même. Depuis 2005.

7. **Parce que vous décidez de ne prendre qu'une écharpe pour descendre fumer une clope**, et que du coup vos doigts frigorifiés n'arrivent plus à faire le code pour rentrer. Vous vous voyez déjà en bleu et en mort comme dans les documentaires de la chaîne Nature Extrême et Dangereuse.
8. **Parce que pendant que vous attendez Benoît-Maxence** qui est supposé valider votre compte-rendu de réunion, ce con est dehors en train d'essayer d'écrire son prénom en pissant dans la neige (14 caractères, beau challenge).
9. **Parce que la clim a gardé les virus des quatre dernières années** pour pouvoir les balancer en continu et creuser le trou de la Sécu (avec la grippe, le rhube, et possiblement la lèpre bubonique vu la tête de Jean-Relou).
10. **Parce qu'on meurt de froid dehors, et que dans l'open-space, il fait 47 °C.** Idéal pour choper une bonne petite crève des familles qui va vous clouer au lit du 23 décembre au 2 janvier. Bonnes vacances !

10 signes que la journée va être très, très dure

1. **Le vortex temporel frappe dès les premières lueurs du jour :** le réveil sonne à 7 h 15, et quand vous levez enfin un bras mou et désespéré pour l'éteindre, il est 8 h 10. Incroyable.

2. **Vous vous réveillez complètement, uniquement quand vous vous brisez le petit orteil** contre une armoire – qui a vraisemblablement été déplacée durant la nuit.

3. **Vous allez prendre une douche en boitant.** Vous attrapez un tube de dentifrice au pif et mettez deux bonnes minutes à réaliser qu'il s'agit de la crème anti-mycose.

4. **Vous n'avez pas du tout faim – jusqu'au moment où vous refermez la porte d'entrée** et réalisez que vous êtes en état d'hypoglycémie… OU : vous avez très, très faim mais il ne reste que des biscottes sans sel de 2002 et du thé à la réglisse (de toute façon vous n'avez pas le temps de manger).

5. **Dans les transports, un des Cavaliers de l'Apocalypse vient s'installer à côté de vous.** (C'est-à-dire : le monsieur à la braguette ouverte, qui ne porte pas de sous-vêtement ; la dame qui sent la vieille culotte qu'on aurait trempée dans le parfum ; l'enfant en crise de nerfs qui ne veut pas aller à l'école et crie très aigu ; la dame avec sa sono pourrie à fond qui chante « balanaladaBAMBA ».)

6. **Quand vous arrivez enfin au travail, vous croisez Jean-Relou,** qui forcément fait la fin du trajet avec vous et vous accompagne jusque dans l'ascenseur. L'ascenseur. Avec Jean-Relou. Le matin. Est-il besoin d'en dire davantage ?

7. **Vos fringues sont tachées** – oui, vous vous en rendez compte maintenant seulement. Une tache étrange qui pourrait faire croire que vous avez eu une montée de lait sur le chemin – ou qu'une strip-teaseuse s'est assise sur vos genoux dans le bus.

8. **Vous allumez votre ordinateur.** Il démarre en quinze petites minutes, vous reprenez espoir. Il s'éteint sans prévenir. Se redémarre. Re-pète. Ainsi de suite, jusqu'à ce que la dernière once de motivation soit définitivement envolée. À noter que cela n'arrive que quand on a un truc urgent à rendre pour 10 h 30 dernier délai.

9. **Quand vous voudriez feinter et bosser le moins possible**, cette saloperie fait mine d'oublier qu'elle date de 2001 et s'allume comme un joyeux soleil de printemps.

10. **Le midi, il y a du hachis Parmentier à la cantine.**

10 points communs entre l'open-space et *Le Seigneur des Anneaux*

1. **Le type le plus crade** avec les cheveux gras va être nommé directeur général à la fin du troisième trimestre.
2. **La brandade de la cantine** ressemble à s'y méprendre aux rations de survie que les elfes refilent à Frodon (une Craquotte sans sel double épaisseur qui tient des mois et qu'on va vous balancer huit jours de suite).
3. **Chaque été, un stagiaire relou avec les pieds poilus** vous suit partout en vous demandant si vous avez faim, où on va, où vous allez, vous déjeunez dehors, oui, ici, au parc, allez, je viens avec vous.
4. **Faut se méfier**, si vous crachez dans le dos de Costard Gris, rien ne garantit qu'il ne va pas revenir en Costard Blanc dans un prochain épisode et vous restructurer la face.
5. **Si vous êtes à deux sur un dossier** et si l'autre a une info dont vous avez besoin pour ne pas vous humilier en public, il ou elle va la garder bien serrée contre son cœur, oh, oui, contre son cœur, parce que c'est son info, oui, son info, sooooon préciiieuuux.
6. **Le chouchou qui a la bague du Chef** devient invisible (sauf quand on a besoin de l'envoyer au casse-pipe).

7. **Vous partez en rendez-vous clientèle** comme Faramir part reprendre Osgiliath. Vous savez que vous allez vous faire décalquer la tête par des Orcs et que le retour se fera en deux taxis : un avec les corps, un avec les têtes.

8. **Le vendredi, vous buvez 8 litres de bière** et vous dansez sur les tables pour atténuer la pression.

9. **Quand vous traversez les 120 mètres** carrés de l'open-space pour aller faire pipi avec la vessie pleine, c'est aussi long que le Mordor.

10. **Quel que soit le moment où vous levez la tête de votre écran,** il y a forcément un Œil de Sauron qui vous regarde.

Le bingo du vendredi

« **On s'en fout,** c'est vendredi ! »	« **On prend du vin, non ?** »	Un marketeux se balade sans cravate pour bien montrer qu'il est cool et casual Friday.
Le stagiaire pense qu'on est mardi (parce que pour lui c'est vendredi soir depuis déjà mardi).	Les plus de 30 ans réfléchissent pour savoir s'il vaut mieux sortir ce soir ou samedi (s'ils oublient qu'ils ont plus de 30 ans, ils font les deux, et le lundi matin ils sont au fond du vortex du désespoir)	Les gens dotés d'une descendance en bas âge regardent discrètement Commentfatiguersonenfantpourpouvoirdormirdimanche.fr
Un sombre abruti dit : « **On n'a qu'à faire un point**, j'vais voir si la salle de réu est libre » alors qu'il est 17 h 57.	Un vent de liberté et de foi en l'avenir balaie les bureaux à partir de 11 h 12 (et l'après-midi, pareil mais avec en plus une odeur de rosé).	« **Non**, mais on verra ça lundi. »

Les collègues

8 types courants de collègues relou

1. **Le père de Roger-Gaëtan.**
   Qui est si fier-fier-fier que son fiston ait appris à manger ses crottes de nez qu'il a filmé la scène et vous la repasse en boucle (voir *3 infos sur vos enfants que vous pouvez partager avec vos collègues* - indice : ceci n'en fait pas partie).

2. **Le Gros Gégé de la compta.**
   Qui parle très fort pour dire globalement du caca. Par exemple, qu'il a rien contre les Arabes mais que quand même. C'est son collègue Amine qui est bien content de sentir tout cet amour à longueur de journée.

3. **Le collègue qui pue.**
   (Qui pue vraiment la raie de fesses moisie de poisson décédé, hein, pas le type qui a oublié de mettre du déo un 27 juillet de canicule et a dû courir pour attraper le bus).

4. **Le collègue trop bavard, qui veut devenir votre ami.**
   L'open-space peut être un vivier d'amitiés étonnantes et précieuses. Et c'est bien. Sauf quand il y a un gros pénible qui décide que vous êtes son vivier d'amitiés étonnantes et précieuses.

5. **Le collègue parano.**
Épuisant. Même s'il peut parfois vous être utile : il sait toujours où se trouve le Chef, qui va se faire virer, ce qu'il y a vraiment dans les lasagnes de la cantine. Et puis il est distrayant : si vous lui dites « tu sais qu'on m'a dit sur toi que... Non, non rien, je peux pas te le dire », ce sont des heures de folle ambiance en perspective.

6. **Le collègue boulet.**
Pas forcément méchant, mais pas nécessairement gentil non plus, le boulet tente de faire son chemin dans une économie difficile et un monde du travail cruel, non pas en développant des capacités, mais en se faisant le plus discret possible – jusqu'à la confirmation de son CDI. Alors, il laissera cours à ses nombreux talents et vous enverra des ondes de nullité jusqu'à ce que vous développiez un eczéma sévère.

7. **Le collègue trop bavard.**
Le collègue trop bavard ne constitue le cauchemar que de 11 % des gens. Ce qui signifie que 89 % des gens seraient à l'aise avec l'idée d'un relou qui hurle toute la journée, regarde des vidéos de loutre avec le son à fond et appelle sa maman pour lui raconter son dernier toucher rectal ?

8. **Le collègue qui se plaint.**
Sans déconner, c'est hyper-pénible les gens qui se plaignent. Pourquoi pas en faire des listes, tant qu'on y est.

10 sous-types de collègues relou
(pour les fins sociologues)

1. **Celui qui respire trop fort**
(tout le monde essaye de lui faire dire « *je suis ton père* », il se vexe).

2. **Celui qui vient avec 43 de fièvre**
et qui refile Ébola à ses 18 collègues directs sous prétexte que son bilan Proudel ne peut pas attendre, juste avant la fermeture de Noël.

3. **Celui qui tape sur son clavier comme une brute,**
avec deux doigts. Même de loin, vous l'entendez en majuscules.

4. **Celui qui a recouvert son bureau**
avec de petites plantes, auxquelles il a donné des noms et qu'il passe la journée à tripoter.

5. **Celui qui chuchote.**
Tellement qu'il faut venir se coller à lui pour comprendre ce qu'il dit (en général, un truc aussi capital que « j'aime bien le soleil »).

6. **Celui qui met des petits mots sur les yaourts**
dans le frigo (genre on va lui piquer un 0 % parfum réglisse).

7. **Celui qui pique les yaourts dans le frigo**
(même les 0 % parfum réglisse, faut vraiment être pervers).

8. **Celui dont le téléphone sonne en permanence**
en jouant « Et on fait tourner les serviettes ».

9. **Celui qui grignote toute la journée**
et dont le bureau est recouvert de bouffe (vous avez vu un cafard de la taille d'une souris lui voler un paquet entier de BN l'autre jour).

10. **Celui qui passe son temps à grincer des dents**
parce que Jean-Relou «respirerait trop fort», que Marie-Pénible tape paraît-il comme une brute sur son clavier, que le père de Roger-Gaëtan fait des miettes partout en mangeant ses BN. Franchement, le vivre ensemble, c'est pas facile avec des gens comme ça.

La Vie Secrète du Chef

La garde-robe
(ou : l'essentiel, le costume de semaine, du samedi soir, du dimanche)

5 trucs pour repérer le collègue boulet

1. **Il tape avec deux doigts** dans une profession où tout le monde s'enquille 150 mots à la minute. (C'est pas tant qu'il tape lentement, c'est qu'au bout d'un moment vous vous rendez compte qu'il tape au rythme où il réfléchit.)
2. **Il envoie des mails qui ont presque l'air normal** au premier abord, mais sont en fait construits et orthographiés d'une manière complètement aléatoire. Exemple : « Comment peut-on se réunir dans le but de développer les leviers de nature commerciale sur avec le client dans la convergence ? »
3. **Il porte un beau costard de souteneur italien** pour aller en rendez-vous. (Les boulets sont souvent persuadés que s'ils ne peuvent pas vous impressionner à mort par leur intelligence – alternative –, ils pourront distraire votre attention par leur allure – improbable.)
4. **Il met dans ses présentations Powerpoint** des images qu'il a dessinées lui-même. Vous vous demanderez sans doute à un moment ou un autre : mais à quoi est-il payé, ce gros boulet ? Réponse : à dessiner des bonshommes-bâtons.
5. **Il est très, très discret** jusqu'à la fin de sa période d'essai, ne pose aucune question, et jamais, au grand jamais, ne dit qu'il a du mal à saisir / qu'il a besoin d'une formation / que ce serait bien de refaire un point. Jamais. Sa stratégie, c'est d'être confirmé, pour pouvoir rester avec vous, juste là, à taper avec deux doigts et à ne rien comprendre, pour toujours.

15 des signes que le nouveau collègue est ce qu'on appelle un « hipster »

1. **Il porte une moustache ou une barbe totalement improbable** et, comme un gamin de 4e très fier d'avoir du poil, il passe son temps à la tripoter. (Si c'est une fille, elle a une frange de poney, ou la coupe de Mireille Mathieu.)
2. **Il s'est étouffé de rire en crachotant « soooo 2010 »** quand Chef a proposé de faire un lip dub pour la carte de vœux collective.
3. **Il fait « pfffft »** chaque fois que quelqu'un lui parle en commençant la phrase par *« eh, tu connais... ? »* Parce qu'il connaît déjà et que c'est #Old.
4. **Le chef lui a demandé d'être présentable** pour venir au travail, il a répondu que son T-shirt blanc troué coûtait 95 euros (sur un ton qui indiquait clairement que c'était supposé se savoir – mais pas se voir).
5. **Il fait de la trottinette** ou de la pêche à la ligne, mais soutient que c'est *« ironique »*.
6. **Il refuse d'aller à la cantine** et il fait chaque midi quarante minutes de marche pour aller s'acheter un bagel aux pousses germées.
7. **Personne ne comprend jamais de quoi il parle** et ça a l'air de le rendre absolument ravi.
8. **Il habite dans un endroit hyper-craignos** et il soutient que c'est « très quartier, authentique ».

9. **Il prend sa bouffe en photo** (et mange froid chaque fois).

10. **Quand vous le cherchez sur Facebook** pour le mettre dans votre liste « collègues », il vous explique qu'il a lâché Facebook, qu'il est sur *insérer ici nouveau réseau social dont personne n'a encore entendu parler*.

11. **On peut voir ses chaussettes en toute saison** (même quand il a des pantalons de longueur à peu près normale, il fait des petits roulés absurdes de pêcheur de crevettes).

12. **En novembre, il porte des espadrilles** (avec des chaussettes).

13. **Il porte des lunettes énormes de pédophile allemand**, alors qu'il a 12/10 à chaque œil.

14. **Il bosse à côté** (photographe ou DJ, ou DJ-photographe).

15. **Il a deux iPhones** (du coup il se nourrit peu et a l'air vaguement anémique).

La vérité : Tout le monde le confond avec Michel, le comptable ultra-myope en préretraite qui porte des nœuds pap', des bretelles, des chemises de pépé et des pantalons trop courts.

15 trucs pour reconnaître le collègue parano

1. **Il a un petit miroir sur son bureau** pour voir qui passe derrière lui.
2. **Il verrouille son écran** (même quand il va juste se baisser pour chercher un truc dans son petit placard).
3. **Il envoie tous ses mails** avec le Chef en copie cachée (le Chef a un filtre spécial qui dirige les mails du collègue parano, tel le chien de berger attentionné le petit mouton mignon, dans le dossier Spam).
4. **Il dit souvent : *« Tu veux dire que... ? »*** alors que la personne en face ne *veut* rien dire, elle *dit* juste quelque chose.
5. **Il lance toujours des rumeurs incroyables**, dont tout le monde se fout (le Chef a une nouvelle voiture ; Mimi est allergique au chocolat ; on a trouvé un crâne de poney dans le bac à purée de la cantine).
6. **Il fume ses clopes caché dans un buisson** ou derrière un poteau pour écouter les conversations des autres.
7. **Comme on lui a refusé la déchiqueteuse** qu'il réclamait à cor et à cri, puisqu'il n'a accès à rien de confidentiel, il va jeter ses feuilles de papier découpées aux ciseaux dans plusieurs poubelles différentes.
8. **Il refuse de dire où il habite** (tout le monde s'en fout).

9. **Il a des dossiers personnalisés** où il a noté tous vos détails perso (ce qui lui permet de faire des réflexions hyper flippantes, genre *« ta nouvelle copine ressemble beaucoup à ta mère, non ? Elles ont le même second prénom... »* ou *« mais c'est la deuxième fois que tu as tes règles en trois semaines, tu es sûre que tout est normal ? »*).

10. **Il sait ce que dit sur vous Gwendoline du 3e étage** (même si vous n'avez aucune idée de qui peut bien être Gwendoline), et de manière générale, il sait *des trucs*. « *J'sais c'que j'sais.* »

11. **Il décroche son téléphone et écoute le silence** pour repérer les cliquettements du matériel d'écoute du FBI.

12. **Si vous êtes gentil avec lui, ça cache quelque chose.** Si vous n'êtes pas gentil avec lui, c'est parce que le FBI vous a fait lire son dossier. (Mais oui, le FBI a des dossiers sur la standardiste à mi-temps des Trombones et Punaises du Vexin, entreprise familiale depuis 1856. Ils sont bien contents, au FBI.)

13. **Il a 37 mots de passe différents,** composés de 4 minuscules, 4 majuscules et 4 chiffres aléatoires. Il les a tous notés sur un petit papier qu'il a mangé.

14. **Tout le monde a forcément « mieux que lui ».** Même le stagiaire qui va toucher 256,12 € pour ses trois mois de labeur cet été – on lui a donné un Stabilo TOUT NEUF, à lui !

15. **Il y a toujours un collègue vaguement parano.** Si ce n'est personne autour de vous... c'est que c'est vous. (Oui, le FBI nous a transmis votre dossier.)

Comment distinguer Collègue Gentil de Collègue Parano ?

Collègue Gentil		*Collègue Parano*	
Quand le Chef vous a convoqué dans son bureau et que vous en revenez, il vous demande si vous allez bien (et si vous avez besoin d'aller boire une bière).		**Quand le Chef vous a convoqué** dans son bureau et que vous revenez, il vous demande ce qui s'est passé (et si vous pouvez lui faire un mail récap').	
Quand vous lui demandez s'il a passé un bon week-end, il vous dit « j'te raconte à la pause » en levant son verre d'Efferalgan à votre santé.		**Quand vous lui demandez s'il a passé un bon week-end,** il plisse les yeux et vous demande pourquoi vous voulez savoir (c'était juste pour être sociable, mais maintenant un petit Efferalgan ne serait pas de refus).	
Quand c'est votre anniversaire mais qu'il a oublié, il vous offre un Twix de la machine et un bon pour un apéro.		**Quand c'est votre anniversaire,** il n'oublie jamais et vous dit « c'est ton anniversaire aujourd'hui » du même ton qu'il vous dirait : *« Je sais ce que tu as fait l'été dernier. »*	
Quand vous partez en réunion sans verrouiller votre poste, il change votre fond d'écran en un montage ultra-laid d'Yvette Horner qui chevauche une licorne pétant des arcs-en-ciel.		**Quand vous partez en réunion sans verrouiller votre poste,** étrangement il sait soudain que vous avez envoyé votre CV à Concurent.Inc, que vous allez voir votre mère ce week-end et que vous flirtez un peu par mail avec Alex-du-3e.	

Quand vous demandez où est le dossier Bouchard, il dit « dans ton cul » même si c'est interdit depuis 2007 et après vous rigolez.		**Quand vous demandez où est le dossier Bouchard,** il vous dit qu'il sait mais qu'il vous dira pas. Sauf si vous lui dites le montant de votre prime.	
Quand il ne sait pas, il dit qu'il ne sait pas. (Mais il peut vous chercher l'info si besoin, ou vous envoyer un nouveau photomontage de Bernard Menez déguisé en poney.)		**Quand il ne sait pas** (alors que normalement il devrait savoir, ou pas), il dit qu'il sait (même s'il ne devrait pas savoir, ou pas, mais même il sait « des trucs » – tenez, prenez donc un Efferalgan)	
Son top 3 des phrases du quotidien est : *« Ça va aller » ; « Attends, je t'envoie une vidéo trop drôle » ; et « Viens, on se casse boire des bières ».*		**Son top 3 des phrases du quotidien est :** *« Je sais c'que j'sais » ; « Si tu savais » ; et « Qu'est-ce que tu sais, exactement ? »*	

5 façons de désamorcer les conflits avec vos collègues

1. **Au lieu de dire : *« Dis, tu fais chier tout le monde, là »*,**
   dites : *« J'ai l'impression que... on ne te donne pas le temps de tout faire / tu subis beaucoup de pression / Chef ne se rend pas compte de ton stress, qu'est-ce que tu en penses ? »*

2. **Au lieu de dire : *« Si tu étais pas aussi pénible, j'vais te dire, ça irait mieux »*,**
   dites : *« Je comprends que tu sois stressé-e/énervé-e/déçu-e, est-ce que tu veux en parler ? » (Ponctuer de « hum-hum ; je vois ».)*

3. **Reformulez ce que l'autre vient de dire.**
   Il va avoir l'impression que vous communiquez à mort. Et c'est pas faux : au moins vous êtes sûrs de parler de la même chose, pour une fois.

4. **Jouez à ni oui ni non (enfin, surtout ni non) :**
   ne commencez jamais vos phrases par « *non* », mais plutôt par « *effectivement* », « *très certainement* », « *totalement* ». (Ensuite, vous faites comme tout le monde depuis le commencement de la vie en collectivité, vous ajoutez un « *mais* » et vous calez toutes vos saloperies derrière.)

5. **Savoir donner (oui, comme dans la chanson).**
   Désamorcez les situations tendues en offrant un café (sauf si votre interlocuteur est allergique à la caféine et parano). On ne jette pas d'agrafeuse dans les yeux de quelqu'un qui vient de vous offrir un café, c'est déjà ça de pris.

Le bingo du changement d'heure

« Ah c'est ce week-end ?!? »	**« Mais du coup on va dormir une heure en plus ou une heure en moins ? »**	**« Et lundi, on va tous être une heure en retard, ahah ! »**
Long concours d'anecdotes chiantes sur les trains / avions / cars loupés à cause du changement d'heure à travers les siècles.	*Quelqu'un chuchote que si Le Pen / Mélenchon / Bernard Menez était au pouvoir, y'aurait pas ces conneries.*	**« Soi-disant c'est pour faire des économies d'énergie... »**
« Moi j'm'en fous, je serai en RTT *de toute façon. »*	**« Attends mais c'est en moins ? Non, c'est en plus... du coup, là, il est, disons, 14 heures, en fait il sera... attends, non. »**	**« Ben du coup, je suis deux heures en retard. »**

Survivre dans l'open-space

Conserver son individualité

10 astuces pour reconnaître le Chef, qui aime bien...

1. **... interrompre les gens qui discutent.** Même s'ils discutent en vrai de travail, hein. Grâce à la phrase magique (qui dans une autre dimension est sans doute une formule de politesse) : « Attends, j'te coupe. » Oui, on avait remarqué.

2. **... rester sur le palier, un pied dans l'ascenseur, pour empêcher les portes de se fermer**, et finir sa conversation avant de monter dedans. Prendre son temps. Après tout, il n'y a que huit personnes dans l'ascenseur qui regardent les portes essayer de se fermer, se bloquer sur son pied, s'ouvrir, essayer de se fermer, se bloquer sur son pied, s'ouvrir, essayer de se fermer, se bloquer sur son pied, s'ouvrir.
3. **... se faire commander un taxi.** Quand il n'arrive pas, appeler la standardiste de l'accueil pour l'engueuler (c'est forcément sa faute), au lieu de lever un bras pour en avoir un autre, de taxi, ou d'utiliser un de ses trois smartphones.
4. **... passer ses réunions à bidouiller des trucs** sur ses trois p%# de smartphones.
5. **... écouter attentivement la suggestion de la stagiaire, avoir un pfft de dédain**, et la ressortir presque à l'identique dix minutes plus tard.

6. **... aller voir Catherine,** qui est là fidèle au poste tous les jours à 8 heures, dont le mari est au chômage, qui a deux enfants en bas âge qui la réveillent toutes les heures la nuit, et à qui on vient de trouver des nodules suspects, pour lui dire que ça fait pas très sérieux, de se barrer à 19 h 30 tous les soirs.
7. **... retrouver la stagiaire en soirée,** voir qu'en plus de bonnes idées à piquer, elle a de jolies jambes, et lui palper le nichon. Hop, comme ça, sans détour ni phrase d'introduction. On est entrepreneur ou on ne l'est pas, bordel.
8. **... envoyer un mail pour préciser que le 24 décembre n'est pas un jour férié,** et que si les collaborateurs veulent partir à 16 heures, ils n'ont qu'à poser leur après-midi. Se barrer à 14 heures (toujours le 24) en laissant la porte de son bureau ouverte (genre « partez pas, je reviens dans deux minutes »), ne jamais revenir.
9. **... partir en vacances cinq semaines,** appeler la veille du retour, expliquer que l'avion est annulé, prendre dix jours supplémentaires.
10. **... engager son cousin et le nommer directeur de la production,** alors que son seul domaine de compétence, c'est YouPorn.

10 astuces pour reconnaître le Grand Grand Chef

1. **Il agrafe des choses.**
Dans votre entreprise, personne ne travaille plus sur papier, et personne n'a agrafé quoi que ce soit depuis 1998, mais il agrafe. Avec superbe. (Il agrafe des choses inutiles, hein, pas des contrats ou des euh… trucs. Non, il agrafe les mails de sa nièce, qu'il a imprimés.) Après avoir donné une interview pour dire qu'il gère une boîte développement durable… Une petite pensée pour John le frêne qu'on a arraché à sa famille pour le couper et le transformer en papier. Il est ravi d'avoir servi à imprimer un *chain mail* sur Émilie, petite leucémique qui attend sa greffe urgente depuis douze ans déjà.

2. **Il connaît les gens par leur prénom.**
Manque de bol, il s'agit de gens qui ont quitté l'entreprise depuis plusieurs années. Mais il en parle.

3. **Il a toujours une riche anecdote sur les débuts de l'internet / de l'horticulture / le big-bang.**
Qu'il raconte en citant Jean-Michel (?), Josiane (??) et Christine, aaah, Christine, où est Christine ? (Si personne ne lève la main, c'est parce que Christine est morte il y a deux ans.)

4. **Il ne refuse jamais de parler.**
Il a tant de choses à dire, tant de tendres souvenirs à évoquer, et Christine, aaaah, Christine… Quand il a préparé son intervention, elle dure quinze minutes (durée ressentie : quatre jours). Quand il prend le micro en annonçant : « … je n'ai malheureusement rien

préparé », mieux vaut sortir de son corps et aller faire un ping-pong mental.

5. **Il aime à passer dans les couloirs.**
les jours de grève à 8 h 50, pour envoyer ensuite des mails à toute la boîte, disant qu'il est assez surpris de constater le manque de motivation flagrant des équipes dans un contexte aussi tendu (la Criiiise, la Criiise) alors que c'est le moment de prouver sa valeur. Forcément, lui, il vient en voiture avec chauffeur, décorée du macaron d'ambassadeur que lui a passé son pote le ministre pour qu'il puisse rouler dans le couloir de bus et griller les feux ; alors il arrive à l'heure, hein.

6. **Il aime le silence (pour pouvoir agrafer ses trucs avec la concentration nécessaire).**
Du coup, il interdit qu'on utilise la salle de réunion qui est juste à côté de son bureau. Manque de bol, c'est la seule de l'immeuble. Mais enfin, l'amour du travail bien fait prévaut. Vous et vos collègues moins bien placés hiérarchiquement recevez donc vos clients au café du coin (pendant qu'il agrafe).

7. **Il a une secrétaire.**
(il ne faut jamais calculer combien de ressources supplémentaires il pourrait y avoir dans votre équipe où tout le monde fait des journées de 19 heures, si on enlevait au Grand Grand Chef sa secrétaire, sa voiture, et lui ; sinon on sombre dans la folie). Les missions de cette secrétaire, après étude attentive, sont au nombre de deux : 1) gérer le planning de la salle de réunion – c'est-à-dire s'assurer que personne n'y vient, sinon va encore y avoir du bruit ; et 2) préparer des choses à agrafer pour que le Grand Grand Chef ne s'ennuie pas.

8. **Il est très fort en métaphores filées.**
(*« vous êtes le socle de la pyramide » / « vous êtes la base de la fusée » / « Vous êtes le ciment essentiel de nos compétences »*). Il faut entendre : les augmentations sont gelées. Eh, vous pensez que c'est donné, une secrétaire ? Et l'essence hein ? Et les agrafes ?!

9. **Il est très fort en réponse aux instances sociales (CE, délégués du personnel).**
(*« Non. Sujet suivant. Non. Sujet suivant. Non. Merci de cette réunion, vous êtes les garants de la dynamique responsable et sociétale de notre entreprise. »*)

10. **Il devrait être à la retraite.**
Il n'y est pas, et d'ailleurs il ne comprend pas pourquoi les gens font tout ce foin pour travailler moins. Lui, il aime venir deux demi-journées par semaine pour agrafer des trucs et toucher l'équivalent de deux Rolex à la fin du mois. Vous n'avez donc malheureusement aucune chance de vous comprendre un jour. Si ça peut être une consolation, dans cinq ans, quand vous aurez quitté la boîte, il citera peut-être votre nom dans un discours.

Comment distinguer le Stagiaire du Grand Grand chef ?

Le Grand Grand Chef		*Le Stagiaire*	
Ne sait jamais quel jour on est (il vient agrafer des trucs même le week-end).		**Ne sait jamais quel jour on est** (parce qu'il sort boire avec ses potes stagiaires tous les soirs pour oublier).	
A des chaussures pointues qui coûtent huit stagiaires et dans lesquelles il est comme dans des chaussons en caviar (tu l'as entendu dire ça une fois, ce qui signifie qu'il a un jour mis ses pieds dans du caviar).		**A des chaussures pointues** en plastique qui lui font très mal aux pieds, ou des vraies en cuir qui lui font très mal aux pieds (son meilleur pote fait deux pointures de moins, ils les ont achetées à deux, et du coup ils ont pris la pointure intermédiaire).	
Il adore le casual Friday parce que ça lui donne l'occasion de porter ses foulards en soie au lieu de ses cravates, et ça, ça fait tout de même plus convivial, non ?		**Il adore le casual Friday** parce que ça lui donne l'occasion d'être vendredi.	
Il n'a pas de Ticket Restaurant mais il va au restaurant : le trois étoiles qui est dans la ville d'à côté, c'est sa cantine.		**Il n'a pas de Ticket Restaurant** et il ne va pas au restaurant : des fois l'après-midi il voit des étoiles, et il aimerait bien trouver un moyen de s'incruster à la cantine.	
Il aime bien s'asseoir sur les bureaux, il se sent décontracté et proche des collaborateurs (surtout quand il s'assied sur leurs mains sans faire gaffe).		**Il aime bien s'asseoir sur une chaise,** quand il en trouve enfin une de libre, même si elle a une roue cassée. Ça lui permet de se décontracter un peu avant de retourner faire ses photocopies.	

Il a le Grand Pouvoir : il sait signer les augmentations (mais il ne le fait jamais).		**Il a le Grand Pouvoir :** il sait faire fonctionner la photocopieuse – surnommée Cruella (et il le fait tout le temps).	
Un jour il en aura enfin marre d'agrafer des trucs et de s'asseoir sur les gens, même très bien payé, et il partira. Et tout le monde sera très content.		**Un jour il en aura enfin marre** de porter des trucs inutiles et de rester debout, vu qu'il n'est même pas payé, et il partira. Et il manquera à tout le monde.	

Les 10 pires endroits où croiser un collègue

1. **Dans les toilettes** ; ça fait pourtant six semaines que vous demandez qu'on répare cette saloperie de verrou.
2. **Dans l'ascenseur de l'Autre Boîte,** celle où vous venez de passer un entretien d'embauche ultra-secret.
3. **À la piscine,** le jour de votre cours de monopalme, avec le bonnet en latex qui fait une tête de bite, mais oui.
4. **Dans un café,** quand on vous le présente avec émotion – oui, ce connard que vous ne pouvez pas encadrer et qui vous surnomme Gollum est bel et bien votre futur beau-frère, le monde est petit.
5. **Dans un sex-shop,** quand vous passez à la caisse les bras remplis de joujoux pour les grands .Vous dites que c'est pour faire un cadeau, euh, une blague, pour des euh, amis… ; lui ne dit rien ; d'ailleurs s'il ne dit rien, vous ne dites rien ; et tout ira bien.
6. **Au camping,** le premier jour des vacances. Ça va être long, deux semaines avec Jean-Relou comme voisin de mobil-home.
7. **Dans l'avion,** quand vous trouvez votre place pour le Singapour-Newark. 18 h 55 de vol ; et il a déjà piqué votre petite couverture.

8. **Au supermarché**, quand votre môme est en train de se rouler par terre en hurlant pour réclamer des Kinder.

9. **Pendant son enterrement de vie de garçon**, habillé comme une parodie de drag queen et entouré de ses potes rugbymen qui rient grassement alors qu'il vous a avoué préférer le tennis et adorer Tchaïkovski.

10. **Le lendemain matin**, quand vous le reconnaissez sur l'oreiller : vous le saviez bien, que sa tête vous disait quelque chose.

Les 10 idées reçues à garder pour vous si votre collègue est breton

1. **L'alcoolisme** ; surtout si vous en êtes à votre deuxième quart de rosé à midi et quart, et que vous prononcez ça « amcolisqute ».

2. **La consanguinité**. Le Breton est peut-être consanguin, mais aussi vaguement viking ; potentiellement il peut choisir de boire sa prochaine bière dans votre crâne.

3. **La forêt de Brocéliande**, où il y a des lutins, ahahah. Citez *un seul* film où quelqu'un se moque des forces magiques et infernales et où ça se passe bien pour sa couenne.

4. **Le ciré jaune et les bottes**. Parce qu'en attendant, qui c'est qui vient bosser avec des bretelles à motifs de clown, hein ?

5. **Le fromage frais** : contrairement à ce qu'on pense parfois, le Breton ne passe pas ses soirées à fouetter du Kiri en jouant du flûtiau.

6. **La coiffe de Bigoudène** : pour rappel, on a tous une région d'origine, alors si dans la vôtre, l'habit traditionnel pour homme est le combi-short en velours brodé, doucement sur les vannes.

7. **Les fest-noz** : vous êtes juste jaloux parce que vous ne savez pas jouer du biniou.

8. **Le temps de merde :** franchement, à part à Brest, c'est une légende ; et puis mieux vaut Brest sous la pluie que Paris sous la canicule.

9. **Les prénoms** : certes, votre collègue s'appelle Gwen. Mais on a vu votre permis, on sait que vous avez six prénoms inavouables, dont Kustule et Jessyfer. Optez pour la discrétion.

10. **Les bateaux**. Vu le niveau des océans qui monte, le truc intelligent à faire, c'est de pas trop casser les sabots aux gens qui peuvent vous sauver du déluge.

10 signes qu'un collègue arrête de fumer

1. **Il grignote des BN toute la journée comme un gros hamster** ; quand il n'y a plus de BN, il mange votre Stabilo, votre Stabilo, à vous, le vôtre.
2. **Il tousse davantage, il tombe malade** (et du coup il dit qu'il devrait reprendre la clope en vous regardant ; restez par-fait-te-ment immobile, sinon il va effectivement reprendre et dire que c'est votre faute).
3. **Il est constipé** (et il vous en informe, c'est gentil, fallait pas).
4. **Il refuse les apéros parce que ça va lui donner envie de fumer,** il refuse les cafés dehors parce que ça va lui donner envie de fumer, il refuse de regarder des vidéos de bébés-chats sur des aspirateurs automatiques parce que ça va lui donner envie de fumer (par contre il accepte d'être chiant).
5. **Il dort mal, du coup il a le temps de faire des brainstormings tout seul** et le matin à 8 h 16 il vous parle du dossier Bouchard comme si vous étiez capable de comprendre de quoi il parle (du coup vous descendez fumer une clope pour vous réveiller).
6. **Il dit tout le temps à quel point il est content d'avoir arrêté de fumer** (tout en se bouffant les peaux du coude et en se plantant des petites punaises dans le gras de l'index).

7. **Il retrouve le sens de l'odorat** et comprend enfin pourquoi Quipu est surnommé Quipu.
8. **Il vapote dans l'open-space**, tranquillement, comme un connard (un peu comme s'il vous collait ses patches de nicotine sur la gueule).
9. **Il se met à faire ultra-chier** tous ceux qui n'ont pas arrêté de fumer.
10. **Il reprend la clope**, passe par tous les stades du désespoir, et recommence à arrêter deux semaines plus tard.

Top 10 des statuts Facebook qui t'indiquent subtilement que ton collègue est fan du PSG

1. *« Chelsea a mieux joué, j'admets notre défaite. On a pas su conclure nos pauvres opportunités. Malgré tout je suis et je reste parisien. »*
2. *« Si t'es pas là ce soir, on peut plus rien pour toi. PSG ! Ici c'est Paris !!! »*
3. *« Debout on encule l'OM, assis on encule l'OM ! »*
4. *« Parc des Princes, here I come ! »*
5. *« Pour certains c'est la Saint-Valentin, pour moi c'est le Paris Saint-Germain! »*
6. *« Avec les frères. Ici c'est Paris !!! »*
7. *« Lalalala lalalala lalalalala allez Paris allezzz »*
8. *« Ready for the Game ^^ »*
9. *« ALLEZ ÇA DOIT SENTIR LE SLIP CE SOIR ! PSG ! »*
10. *« Ici c'est Paris !!! Classico day ! »*

Bonus : *« On va aller se coucher et oublier cette soirée. »*

10 signes que votre voisin de bureau a un hobby

1. **Il s'assied à l'envers sur sa chaise, les bras croisés sur le dossier**, et il vous regarde fixement en mâchouillant un cure-dents : il est agent du FBI à mi-temps (ou mafieux).
2. **Il dit *« ohlala, en voilà une grosse gourmande d'imprimante*** *qui a voulu tout avaler d'un coup »* : il est acteur porno les soirs et week-ends.
3. **Il vous regarde fixement en caressant ses ciseaux** : il est en cours du soir serial-killer.
4. **À la cantine, il mélange les œufs mayo et les concombres** en tranches pour faire des « œuffes déguisés pleing de croquang » : il s'entraîne pour son «Dîner presque parfait».
5. **Il a un saumon en fond d'écran** et un petit pot de sel de Guérande sur son bureau qu'il renifle quand il est triste : il pêche à la mouche.
6. **Il vous écoute parler à la machine à café en faisant : « Hm. Hm. Oui. Hm.** Et, comment tu te sens par rapport à ça ? » ; il veut se reconvertir en psy (ou juste vous piquer votre place).
7. **Son ficus s'appelle Claudia** : il est paysagiste à ses heures perdues (éventuellement paysagiste de drogue, soyez sympa avec lui).

8. **Il sniffe des huiles essentielles à longueur de journée** et vous lance du jus de fenouil dans les yeux si vous dites que vous avez mal au dos : il veut faire naturopathe (ou alors il est juste méga relou). Attention, le fenouil, ça picote.
9. **Il prend la dernière part de tarte aux pommes au self** et tente de vous la revendre deux fois plus cher : il est apprenti dealer (ou banquier).
10. **Il fait des petits avions en papier** : ça, c'est pas un hobby, il se fait juste super-chier.

3 types de collègues par grandes chaleurs

1. **Le collègue Waoumtchatchatcha.**
   Nonobstant le fait qu'il est comptable / intégrateur / chef de projet, et non plagiste, comme on pourrait le croire au premier abord, il vient travailler en chemisette, en short, et avec des tongs. Le collègue Waoumtchatchatcha et sa nonchalance sont d'autant plus énervants que : 1) vous aimeriez bien vous aussi vous mettre à moitié à poil quand il fait 38 °C dans l'open-space, et 2) quitte à être habillé comme en vacances, vous préféreriez être en vacances (mais sans vos collègues, merci, bisou).

2. **Le collègue Dracula.**
   Il est souvent blanc comme un cul, il sait qu'il ne bronzera jamais, et n'a donc strictement aucun intérêt à subir les rayons meurtriers du soleil. Il fait sa pause à l'ombre, dit forcément non aux pique-niques, et fait « rhaaaaaaaaaaaa » quand quelqu'un veut ouvrir les stores. Il enlève ses lunettes de soleil et son indice 50 en octobre, quand il peut commencer à se plaindre du froid.

3. **Le collègue Nature.**
   Il aime le soleil, il l'adore, il ouvre bien grand ses bras à l'astre solaire et l'embrasse comme un amant longtemps disparu. Il va déjeuner au square pour bronzer sur un banc. Il ne ferme pas les stores, car il aime suer dans un bureau où il fait 12 000 degrés. Malheureusement pour ses voisins proches et moins proches, le collègue Nature aime le soleil comme l'homme aux premiers temps du monde : sans déo.

La Vie Secrète du Chef

À la maison
(ou : les petits employés prennent le pouvoir)

15 commentaires que vous entendrez un lendemain de match

1. *« Hanlala la raclée qu'on leur a miiiiis ! »*
2. *« Au match retour, c'est sûr, ça va y'aller ! »*
3. *« J'y ai cru jusqu'au bout et puis non. »* (Avec la tête de Droopy.)
4. *« Mais lui, sérieux, la prochaine fois j'envoie ma grand-mère jouer à sa place, et ça ira mieux ! »*
5. *« Nan mais moi à la place de *entraîneur* j'aurais fait jouer *joueur* dès le début du match, bordel ! »*
6. *« Non mais pour nous la priorité, c'est pas la Coupe de France / la Coupe de la ligue / le championnat / l'Europe... » au choix suivant* les circonstances de la défaite de la veille...
7. *« Mais quel naze ce Christian Jeanpierre ! »* (Un grand classique, et qui fait l'unanimité.)
8. *« Putain, je suis dégoûté, c'est ma femme qui a gagné : elle voulait voir le rugby. »* (Oh, mais sois pas triste comme ça... De toute façon ton équipe a perdu.)
9. *« Franchement j'y crois plus, j'y crois plus. »* (Des sanglots dans la voix.)
10. *« P'tin celui-là, je paye son transfert pour qu'il s'en aille. »* (Dommage, avec un SMIC ça va être compliqué.)

11. « *On les a rui-nés.* » (Sur le ton de « j'y étais, c'est moi qui ai rentré le but.)

12. « *Mais y'avait PENO !* » (Sur le ton de celui-celle qui ne s'en est toujours pas remis.)

13. « *Tout ça c'est dessous-de-porte et compagnie.* » (L'air de savoir des truuuucs.)

14. « *L'arbitre il avait les couilles sur les yeux, c'est pas possible.* » (Celui ou celle qui s'y connaît en anatomie.)

15. « *Quand tu penses à ce que gagnent ces types - des sommes astrologiques, et pour faire quoi ?* » (Celui ou celle qui a bien compris que c'est la monnaie qui dirige le monde.)

5 profils de collègues bourrés

1. **Le collègue qui parle**. Celui qui parle beaucoup, en général, parle encore plus, bourré. Beaucoup-beaucoup. L'intérêt, c'est que vous n'êtes pas vraiment obligé de rester l'écouter, de toute façon il continuera à parler tout seul. Partez ailleurs sans regrets ni tracas : il ne s'en rendra pas compte.

2. **Le collègue qui palpe**. Quand il est plein d'alcool, il est aussi plein d'amour. Surtout pour les cheveux, les bras, les fesses, bref tout ce qui dépasse chez les autres. Quand vous lui dites qu'il est lourd et que vous avez moyen envie de vous faire palper sur votre lieu de travail, il affiche l'air surpris et perplexe de la poule devant un roulement à billes. Mais ça ne dure pas longtemps ; il oublie et revient palper.

3. **Le collègue gentil**. Entouré de gens agressifs, déprimés ou hystériques, il reste souriant, poli, avenant. Attention, si jamais un jour votre entreprise fait la Une parce qu'un fou a débarqué un jour avec un pistolet à clous, ce sera très probablement lui.

4. **Le collègue qui rit gras**. On ne sait pas vraiment pourquoi il rit, vu que ce qu'il dit n'est pas drôle, mais il rit, gras, gras. Tellement qu'on finit par en conclure que tout l'intérieur de son corps n'est en fait qu'un gros mollard.

5. **Celui qui vous dit que le Grand Capital est un leurre**. Et que vous vous comprenez trop, lui et toi, et qu'il rêve de simplicité, de relations vraies, et qu'il faudrait que vous alliez surfer à Marrakech ensemble. Attention, c'est le Chef, et demain matin quand vous arriverez en retard, l'haleine encore avinée et une planche de surf dans les bras au point hebdomadaire, il vous humiliera devant tout le monde exactement comme d'habitude, en vous demandant si vous vous croyez à la plage.

10 signes que vos collègues sont contents de vous voir partir

1. **Il y a bien un pot prévu pour votre départ** mais vous n'êtes pas invité-e.
2. **On vous a pris votre souris** et votre siège depuis plusieurs semaines déjà (« ça te dérange pas hein ? »).
3. **On a donné votre écran au stagiaire**, et tout le monde l'appelle par votre prénom.
4. **Le Chef ne vous adresse plus la parole**, ce qui est presque agréable comparé aux collègues qui vous jettent des punaises.
5. **Il y a un grand compte à rebours** affiché dans l'open-space.
6. **Le collègue Qui Parle Trop qui voulait devenir votre ami vous ignore magistralement** et montre désormais ses photos de rempaillage de chaises du week-end à sa voisine de droite.
7. **Le collègue Parano a demandé à ce qu'on restreigne vos accès informatiques** pour vous empêcher d'emporter toute la compta chez les concurrents (qui n'en ont, soyons francs, rien à taper). Mais bon, comme vous n'avez plus d'écran de toute façon...
8. **La nouvelle de votre départ a fait le tour de l'immeuble en 27 secondes exactement** et 147 personnes sont venues vous féliciter (dont 140 inconnus).

9. **Vous avez reçu une réponse à votre mail de départ** qui ne vous était pas vraiment destinée (à moins que « Trop bien ! Enfin débarrassés de cette rognure puante ! XD » soit une formule de politesse que vous ignoriez).

10. **Le seul qui a l'air triste, c'est Collègue Quipu** qui met un point d'honneur à vous serrer longuement dans ses bras. Tous. Les. Jours.

10 phrases qui vont gâcher un pot de départ

1. *« Rhooo, c'est bon, ça fait deux ans que tu foutais plus rien, fais pas genre t'es triste... »*
2. *« Il est pas terrible ce bar, c'est qui qui a choisi ? Ah bah ça m'étonne pas... »*
3. *« Bon moi j'ai mis 40 balles dans le pot commun et j'attends toujours que l'autre boulet me rembourse. »*
4. *« C'est moche, je sais ; je voulais te prendre autre chose mais tu connais Marie-Pénible, elle veut tout contrôler avec ses goûts de merde. »*
5. *« Ça te plaît ? Ça nous a coûté *insérer montant exact de la cagnotte de départ ici* (si le type a eu deux cartes à gratter, il saura à quoi s'en tenir). »*
6. *« Tu prends des vacances un peu avant de réattaquer dans ta nouvelle boîte ? Où ça ? Ah oui, j'y suis allé. C'était naze. »*
7. *« Allez, tu peux me dire maintenant, ton salaire ... QUOI ?! »*
8. *« En fait on a tous un peu essayé de bien se saper pour ton dernier jour, sauf toi. »*
9. *« Mais tu bois ? Non mais je croyais que tu partais "faire un projet perso" mais genre "une cure de désintox perso", quoi. »*
10. *« Je sais que tu voulais faire ça chez toi pour être en petit comité, du coup j'ai juste filé ton adresse et ton code à Chef. Il est en bas, il gare sa BM. »*

Test : Quel collègue d'open-space êtes-vous ?

1) Le matin

A- Vous arrivez en disant « bonjour-bonjour ! » à tout le monde et en faisant la bise aux 45 personnes que vous croisez.

B- Vous faites un signe de la main collectif.

C- Vous vous hâtez d'un pas vif et décidé vers votre réunion importante numéro 1.

D- Vous vous étalez sur votre siège (qu'on vous a encore rehaussé en votre absence, vous êtes entouré-e d'ordures anarchistes).

2) Le lundi

A- Vous racontez votre week-end bien sympa – votre enfant a fait une blague trop drôle !

B- Vous parlez doucement. L'idée est de laisser vos voisins comater gentiment jusqu'au mardi matin – qui est tout aussi dur, mais plus proche du mercredi, qui est presque jeudi, et jeudi, soyons honnêtes, c'est quasi vendredi. Et le vendredi, c'est cool.

C- Vous motivez vos collègues en demandant à tout le monde de raconter son week-end et en disant : « Ahah ! Formidable ! », même à Gégé qui a passé son dimanche assis devant Drucker à regarder la photo de sa femme partie – avec le chien. Parce que vous vous intéressez aux personnalités qui vous entourent et que vous croyez en l'importance des liens sincères sur le lieu de travail !

D- Le lundi, faut pas vous faire chier, et surtout pas vous demander comment ça va, parce que ça va mal, parce que c'est lundi.

3) Le séminaire

A- Super ! On fera un limbo ! Limbo-limbo !

B- Ah bah, c'est con je ne peux rester que la première journée... Je vais louper le limbo, mais pour le reste, OK.

C- Une occasion en or pour la cohésion des équipes et un networking de qualité !

D- Dis donc, on supporte des cons à longueur de journée, c'est pas pour se les taper en plus le week-end, sous prétexte qu'il y aura de la bière sans alcool à volonté.

4) La présentation PowerPoint du séminaire

A- Animée, sinon rien !

B- Toujours au moins une slide avec une image de chaton.

C- Elle fait 42 diapos, mais c'est parce que vous avez tant à partager avec vos collaborateurs ! Il y a tant à faire !

D- Elle est calibrée pour que la partie Questions-Réponses arrive pile quand il n'y aura plus le temps.

5) Votre smiley préféré

A- ;-) :o) ^^ :p mais si vous ne deviez en choisir qu'un seul, ce serait celui du Tinois Gondanh ! <:-D

B- ... Ben c'est-à-dire, comme vous avez plus de 13 ans et demi, en général vous essayez plutôt de mettre des vrais mots dans vos mails pros....

C- ;-) dans toutes les situations ! Ça détend toujours l'ambiance !

D- Pas de smiley, par contre vous avez un petit GIF tout mimi d'un type qui se pend.

6) Ce que vous dites le plus souvent au boulot

A- Alors ? AHAH, Comme un lundi hein ?

B- Hum.

C- J'attends ton retour azape, OK ?

D- Pfffft.

Vous avez un maximum de A :

Vous pensez que vous êtes le collègue-sympa ? Non. Vous êtes le collègue relou. Parce que le matin à 8 heures, tout le monde n'a pas envie de rejouer l'Ami Ricoré et de se faire biser par quelqu'un qui sent le vieux café et le petit sapin Vanille des Îles (oui, on vous a dit que ce truc puait, vous l'avez gardé dans la voiture, tant pis pour vous). Ce ne sont pas vos meilleurs amis. Ce sont des gens payés pour être dans la même (très grande) pièce que vous 50 heures par semaine. Laissez aux autres la liberté de bouder. Du coup ils vous aimeront bien et ils viendront vous faire la bise (ces gros relou).

Vous avez un maximum de B :

Vous êtes le collègue-sympa. Vous laissez aux autres autant d'espace vital que possible (dans un bureau où on vous a collés trois par table). Vous venez travailler – plutôt pas mal –, et n'emmerdez pas votre monde. Des fois, vous allez boire des coups avec vos collègues (mais vous n'en profitez pas pour frotter vos organes génitaux contre eux à leur corps défendant). Des fois, non (vous avez une vie ailleurs).

Vous avez un maximum de C :

Vous êtes le collègue-ouine. Vous irez loin. Vous avez l'œil vif et la dent blanche. Le monde vous appartient. Dommage que du coup, personne ne puisse vous encadrer. Quand vous serez grand chef du sous-département adjoint aux Rustines Grobert, et que vous mangerez seul à la cantine, pensez à Rox et Rouky en pleurant dans votre vol-au-vent au ciment. Vous avez choisi d'être un chien de chasse. Jamais les renards ne pourront vous pardonner.

Vous avez un maximum de D :

Vous êtes le collègue qui râle. Vous avez l'impression que c'est le cas de tout le monde – et c'est pas faux. Mais faites le test : abstenez-vous pendant une journée. Si du coup tout le monde sourit et fait la petite danse de la productivité heureuse en se tenant la main, le doute n'est plus possible : l'ambiance de merde, c'est vous. Et le pire, c'est qu'à la fin d'une journée sans vous plaindre, vous aurez sans doute l'impression d'être plus léger, joyeux, avec des cheveux plus brillants et plus doux. C'est terrible.

Le quotidien

10 manières insupportables de dire bonjour en arrivant au bureau

1. *« Bongour. »* Ce qu'Élie Semoun a fait de moins drôle, à égalité avec « Merki ». Si un de vos collègues fait ce genre d'entrée au boulot, il est possible que le règlement intérieur de l'entreprise vous donne le droit de lui taper dessus.

2. *« Chers amis, bonjour ! »* Si dans votre boîte un collègue vous salue en faisant référence à Lucien Jeunesse et son Jeu des mille francs (1965), courez vous renseigner auprès des prud'hommes : manifestement, personne ne part à la retraite dans votre entreprise. C'est un problème.

3. *« Beuaaaaar. »* Celui qui vous salue à la manière du Commandant Sylvestre aux Guignols (depuis 1991) attendra de votre part une réponse sous la forme « Beuaaaar aussi ». Si vous lui faites cet honneur, sachez que l'encourager ne résoudra rien, bien au contraire. Soyez responsable, laissez-le dans un silence gênant qui sera bien plus pédagogique.

4. *« Salut, tu / vas / bien... »* Les Inconnus dans Auteuil-Neuilly-Passy (1991). Ajoutez à ça une voix traînante à la Marc-Olivier Fogiel, et vous savez que vous êtes tombé sur un fieffé abruti.

5. *« Bon bon bonjour... »* Il est de plus en plus difficile de tomber sur un champion qui pense que ça vous fera plaisir de réentendre l'air de la pub Bonjour de Nestlé datant de 1985. Juste derrière, il devrait vous chanter « je suis de bonne bonne bonne humeur ce matin, y'a des matins comme ça... ». Abattez-le avant.

6. ***« Bonjour, c'est pour un sondage. »*** Le hippie sondeur de Co-Co Boy (1982). Tomber sur un mec qui se rappelle Stéphane Collaro, c'est déjà pas de bol. Tomber sur quelqu'un qui l'assume en plus, c'est vraiment la tuile.

7. ***« Wazaaaaaaaaaaaaaaaaaaaa !!! »*** Quand on a des potes, en 2013, qui refont l'antique pub de Budweiser, on n'a pas besoin d'ennemi.

8. ***« Salut les p'tits clous ! »*** Les années 1980, c'était déjà merdique entre 1979 et 1990. Ça l'est devenu encore plus avec le revival Casimir et compagnie. C'est désormais le parangon du mauvais goût d'afficher avec autant d'aplomb une quelconque nostalgie pour le top 50 qui remplit allègrement les grilles de la TNT depuis plusieurs années. Le mec qui vous dit : « Salut les p'tits clous » a très certainement du Début de soirée dans son iPod. Voilà qui devrait vous encourager à vous tenir suffisamment éloigné de ce genre d'énergumène.

9. ***« Sala, Sali, Salut ! »*** Ned Flanders adresse ses salutations ainsi dans Les Simpson depuis 1990. Donc soit vous avez affaire à une personne qui a découvert Les Simpson avec W9, soit vous êtes tombé sur un comique qui n'a pas renouvelé son stock de bons mots depuis plus de vingt ans. Dans un cas ou dans l'autre, évitez cette personne comme la peste.

10. ***« Bijour monsieur Vincent. »*** La parodie des Envahisseurs par les Inconnus (1990) nous montre à quel point on est aujourd'hui un peu plus timoré et/ou respectueux : une entrée avec ce salut et l'accent scandaleux qui va avec, et le malaise est assuré.

5 risques sous-estimés si vous suspendez du gui dans l'open-space

1. **L'incident diplomatique** quand Gégé aura tapé trois grosses bises gluantes sur les joues de la boss japonaise en visite, vous allez voir que l'ambiance va se rafraîchir un brin
2. **L'orgie-surprise** il est tard, dehors il fait froid, finalement vous passez plus de temps avec ces gens qu'avec votre famille, on vous embrasse, tout semble flou soudain, il fait si chaud, METTONS-NOUS NUS
3. **Le départ collectif aux urgences** (comme les ornithorynques le gui c'est hyper-mimi en photo, mais en vrai c'est empoisonné)
4. **La déclaration de guerre** parce que Collègue Boulet (qui lui-même s'est greffé comme un parasite sur vos projets pour faire rien à part vous sucer la sève) s'appelle Guy et qu'il pourrait mal le prendre (et déjà qu'il est con, si en plus il devient méchant, on n'est pas sorti du sable)
5. **La déception** Alex-yeux-de-braise-du-3e à qui vous essayez de rouler des pelles avec vos stratégies de scout ?

   Allergique. Collègue Quipu ? ULTRA-FAN de l'idée.

Le bingo du 2 janvier

« Bonne année ! Allez, la bise ! » (= vous prend par surprise et vous colle de la bave sur les joues en profitant de votre faiblesse temporaire)	**« Ahah, toi t'as l'air d'avoir fait sérieusement la fête, hein ? »** (= en général, vient de quelqu'un qui a l'air de s'être couché à 10 heures après avoir trié ses chaussettes par ordre alphabétique)	**« P'tin, j'ai mal au crâne... »** (= regrette très fort d'être allé-e se coucher encore bourré-e le 1er au soir, regrette tout ce dont il ou elle ne se souvient pas, regrette tout en général)
« Alors cette année **insérer ici résolution qu'on fait à votre place et dont vous vous foutez*,* **hein ? Ahah ! »** (Genre « on va faire attention aux desserts » alors que « on » ferait mieux de s'occuper de son cul.)	**« T'as vu la vidéo du bébé panda qui éternue ? »** *(Marie-Pénible a vu ses petits-neveux pour les fêtes, ils lui ont fait montrer l'Internet.)*	**« Oh, on a refait les cadeaux, mais Jean-Kévin a été malade et il a vomi sur le chien, et** **insérer ici d'autres informations que vous n'avez absolument pas demandées*.* **»**
Tout le monde porte ses cadeaux de Noël (paire de Louboutin ou cellulite).	**« Ohlala j'arrive pas à croire qu'on est déjà en** **insérer année ici*.* **»**	**«Et la santé !»**

5 choses à savoir si vous faites un stage en open-space

1. **Certaines personnes ne mémoriseront jamais votre prénom.**
   Mais tous les gens alentour auront très envie de vous donner du boulot (le leur).
2. **Certaines personnes mémoriseront au contraire très, très bien vos idées.**
3. **Tout le monde ne saura pas forcément pourquoi vous êtes là ;**
   en revanche si vous regardez une vidéo d'éléphanteau qui joue dans la mer, tout le monde sera derrière vous à commenter.
4. **Il est inutile d'essayer de comprendre qui déteste qui et pourquoi.**
   Jouez l'innocence et la neutralité.
5. **En théorie, en tant que stagiaire, on a le droit de partir plus tôt et d'arriver plus tard.**
   En pratique...

10 idées reçues sur les réunions
(soyons honnêtes deux minutes, quoi)

1. **On y échange des idées.**
   Non. On y échange éventuellement des infos, mais majoritairement on y va pour montrer à tout le monde qu'on a deux nouveaux téléphones et pianoter dessus pendant une heure sans rien écouter.

2. **On peut y poser toutes les questions qu'on veut.**
   Non. En général, les gens n'en savent pas plus que vous, ou alors ils vous répondent « fallait lire le mail de brief », même si la réponse à votre question n'est pas dedans, alors qu'eux ne l'ont pas lu du tout.

3. **C'est utile.**
   Non. C'est d'ailleurs pour ça que 95 % d'entre elles se terminent par « bon, next steps, on se recale une réu pour en reparler ».

4. **Il y a assez de chaises pour tout le monde.**
   Non. On perd toujours quinze minutes à asseoir tout le monde. Après on attend le Chef, qui va arriver dix minutes en retard et ne rien écouter parce qu'il joue sur ses deux smartphones. C'est pour ça que sur une réunion de trente minutes, en général, on n'échappe pas à la conclusion « bon next steps, on se recale une réu pour en reparler ».

5. **C'est rarement trop long.**
   Juste ce qu'il faut pour être efficace et méthodique (ahahah).

6. **On sait toujours pourquoi on vient.**
   Les gens ne sont pas invités au hasard pour perdre le plus de temps possible. (Ils sont tirés au sort, nuance.)

7. **C'est toujours dans la salle qu'il faut.**
   On n'est jamais serrés à 16 dans 3 mètres carrés (vous confirmera Marie-Pénible qui tombe à chaque fois dans les pommes à cause du manque d'oxygène).

8. **Ça sent toujours la fleur** après deux heures à se coller comme des thons en boîte.
9. **Ceux qui n'ont pas assisté à la réunion liront votre compte-rendu avec attention** et reconnaissance.
10. **Il y a des petites viennoiseries.**
    C'EST FAUX, ILS VOUS MENTENT, IL N'Y A JAMAIS DE PETITES VIENNOISERIES.

5 infos sur vos enfants que vous devez garder pour vous

(car tout le monde s'en fout)

1. *« C'est les vacances scolaires, je viendrai avec Roger-Gaëtan. »* (Le Sans-Enfant sait que ce sont les vacances scolaires uniquement parce qu'il a dû payer 327 euros de train ce week-end pour aller à un enterrement de vie de garçon à Vierzon ; il est fauché et de très mauvaise humeur.)
2. *« On a acheté un costume de champion de F1 à Roger-Gaëtan, je vous montre les photos, j'les ai sur mes deux iPhones... »* (À moins que votre enfant ne soit très, très moche, et donc parfaitement ridicule lorsqu'il est déguisé, et donc potentiellement drôle, ces photos n'auront aucun intérêt.)
3. *« Vivement Noël, que je présente Roger-Gaëtan à tous ceux qui ne l'ont pas encore vu ! »* (Les gens qui vous apprécient sont potentiellement déjà venus chez vous et connaissent déjà vos enfants. Les autres ne peuvent potentiellement pas vous encadrer, et ça ne va pas s'arranger si vous envoyez Roger-Gaëtan rempli de germes et couvert de morve les embrasser de force en se mouchant dans leurs cheveux.)
4. *« Roger-Gaëtan a vomi hier. »* (À moins que Roger-Gaëtan n'ait une maladie intéressante et inattendue, genre la peste bubonique ou Ébola, on n'en a... ? Rien à foutre, c'est bien.)
5. *« Roger-Gaëtan aime pas le Kiri. »* (Ouah. Il n'y a pas de mots pour décrire à quel point cette déclaration va indifférer le Sans-Enfant. Sérieusement.)

Survivre dans l'open-space

Chercher le consensus.

3 infos sur vos enfants que vous pouvez partager avec vos collègues

1. « ***Roger-Gaëtan a choisi les numéros de Loto***, *et maintenant on est millionnaires et je t'invite dans mon mas provençal avec piscine cet été.* »

2. « ***Roger-Gaëtan est chez ses grands-parents*** *ce week-end et du coup j'organise un énorme barbecue où le rosé coulera à flots.* »

3. **« *Roger-Gaëtan a dit "tête de bite"*** *au Chef pendant le goûter de Noël.* »

Bonus : « *Regarde comme Roger-Gaëtan est laid sur cette photo, c'est à hurler de rire, du coup on l'a déguisé en poubelle.* » (Aucun parent n'a jamais dit ça. Aucun. Quel dommage.)

Le bingo du séminaire d'entreprise

On t'oblige à faire des trucs que même ton instit de CE2 qui te faisait trop peur n'arrivait pas à t'obliger à faire (réciter une poésie devant tout le monde, te déguiser en canard).	Tu vois ton chef en maillot de bain. Tu cherches de l'eau de Javel pour te nettoyer les yeux, mais C'EST TROP TARD.	Tu apprends que Jean-Relou et Marie-Pénible ont été vus ensemble dans un coin sombre durant la soirée-paella. Tu rajoutes « lui portait un string » et tu passes la rumeur au voisin.
Tu vois ton chef bourré montrer son tatouage tribal sur le bras en expliquant que ça représente ses racines (il vient du Loiret et ressemble à Hortefeux).	Tu dois partager une chambre avec un collègue, ça tombe sur Quipu, pas de bol.	Tu pensais pouvoir t'échapper et faire l'activité proposée seul-e (visite de Barcelone, après-midi luge, sortie plongée), mais ils vous ont filé des T-shirts fluo pour vous suivre tous à la trace.
Tu décides de siroter du rosé pendant les trois jours d'affilée et tout se passe comme dans un doux rêve cotonneux.	Quelqu'un fait une intoxication alimentaire.	C'est effectivement open-bar, mais uniquement pour les jus de fruits et l'eau gazeuse.
Tu te demandes combien ça a coûté, ces conneries.	Tu as oublié ton sac à vomi des sorties scolaires. C'est dommage parce que le bus sent la même chose qu'en 1992 : le vieux vomi et la poussière cramée.	Tout le monde se rend compte avec panique que le type qu'on a pris pour un stagiaire était en fait un photographe et que, dès la semaine prochaine, il y aura 47 photos immondes de chacun sur la page FB de la boîte.

10 épreuves olympiques pour lesquelles l'open-space va vous entraîner

1. **Le bobsleigh**. C'est pas faute de dire au gros Gégé de la compta d'arrêter de vous coller dans la queue du self…
2. **Le curling.** Balayer frénétiquement devant un gros fer à repasser pour le faire avancer plus vite, c'est pas plus absurde que de mettre 80 glandus dans une pièce sans fenêtre, et de les surveiller comme la Stasi en s'attendant à ce que ça les motive pour bien bosser.
3. **Le lancer de poids.** Tout le monde fait déjà ça avec les projets pénibles : les prendre précieusement dans sa main et les balancer le plus loin possible.
4. **Le tennis.** « *T'appelles Bouchard ? – Oui, alors je peux, mais comme c'est toi qui as suivi le projet… – Non mais sans toi j'aurais rien fait, appelle-le, toi. – Tu plaisantes, c'est clairement ton projet, je veux pas tirer la couverture à moi, appelle-le.* » Tie break, en route pour le deuxième set.
5. **Le marathon.** Quand Collègue Boulet part en vacances en laissant tout en plan, et qu'à la seconde où son avion décolle, tous les projets partent en vrille, hydratez-vous bien, il va juste falloir tenir le coup.

6. **Le sprint.** Pour être le premier dans les cabinets secrets à l'heure de la pause-caca. Question de survie.

7. **La natation synchronisée.** Vous êtes tous la tête sous l'eau, mais avec un peu de synchronisation (et éventuellement des justaucorps qui brillent, mais c'est comme vous le sentez) ça peut donner un truc pas mal.

8. **Aviron.** La métaphore préférée des discours de motivation du Grand Grand Chef (en alternance avec « vous êtes les propulseurs de la fusée », vous avez droit à « on est tous dans le même bateau »). Le truc qui semble lui échapper, c'est que vous êtes tous dans la même barque, mais que vous ramez à l'envers.

9. **Escrime.** Esquiver la réunion relou du vendredi 18 h 12, ça ne s'invente pas, c'est de l'entraînement, beaucoup d'entraînement. Et le mental, bien sûr.

10. **Trampoline.** Des hauts, des bas, des hauts, des bas (et parfois pas de bol, on loupe la réception et on s'étale la tronche par terre).

Bonus : L'haltérophilie. Le Chef roule des mécaniques dans les couloirs et prétend porter la boîte à bout de bras ; mais tout ce qu'on remarque, c'est qu'il est tout rouge quand il parle à la stagiaire, et qu'il a l'air d'avoir un tout petit paquet.

10 messages automatiques d'absence un peu originaux

1. *« **Je suis en vacances, vous pouvez m'adresser un mail, mais UN SEUL.** Au-delà de cette limite, j'effacerai au hasard et sans les lire les messages pour n'en garder qu'un. Choisissez avec soin. Pour info, vous avez déjà envoyé un message. »*

2. *« **Je suis en congés pour deux semaines, et à mon retour, j'aurai plein de boulot à rattraper.** Au moins pour une semaine encore. En plus, je ne serai pas forcément hyper-efficace étant donné que je passerai mes journées à raconter mes vacances. Je serais vous, je laisserais tomber. »*

3. *« **Je ne suis pas joignable par e-mail**, mais j'ai un téléphone mobile, dont je ne vous donnerai pas le numéro. Si toutefois vous parvenez à le deviner, je consentirai à prendre votre appel. »*

4. *« **Je ne suis pas joignable par e-mail du 7 au 13 mai.** En cas d'urgence, appelez les pompiers. C'est le 18. »*

5. *« **Je ne suis actuellement pas au bureau, mais vraisemblablement ivre mort** quelque part dehors. Et vous, ça se passe bien au bureau ? »*

6. « ***Je suis actuellement indisponible.*** *Pour toute question urgente ou importante, contacter l'un de mes supérieurs hiérarchiques, Mme Machin ou M. Bidule. Si votre question n'est ni urgente ni importante, demandez-vous pourquoi vous m'envoyez un e-mail.* »

7. « ***Je suis actuellement absent du bureau pour un problème familial.*** *Mon décodeur est HS et y'a un Lille-Reims ce soir. Je ne serai pas joignable non plus sur ma ligne téléphonique, je dois appeler la hotline.* »

8. « ***Je suis sorti déjeuner, vous devriez essayer, c'est super.*** *PS : ce n'est pas une invitation.* »

9. « ***Je suis en vacances, sans ordinateur, sans téléphone, et sans la moindre décence.*** *À mon retour, j'aurai sûrement de l'herpès et peut-être des MST.* »

10. « ***Je suis au bureau, mais j'ai découvert que ce système de réponse automatique a considérablement réduit ma charge de travail.*** *Je vous invite également à m'appeler pour m'entendre faire ce constat sur mon répondeur.* »

10 super-pouvoirs que vous regretterez de ne pas avoir

1. **Télétransportation**. Plus jamais le nez collé dans l'aisselle d'un géant pendant douze arrêts de bus. Plus jamais.
2. **Super-vitesse**. Pour tout plier en vingt minutes et vous barrer au cinéma.
3. **Duplication**. Pour envoyer double numéro 1 bosser à votre place, double numéro 2 apprendre le banjo, etc.
4. **Super-ouïe**. Qu'est-ce qu'elle marmonne depuis vingt minutes, Marie-Pénible, à vous regarder depuis l'autre côté de l'open-space ?
5. **Invisibilité**. Comme ça la prochaine fois que Chef arrive dans l'open-space en disant « on a gagné le dossier Bouchard ! », il le refilera à quelqu'un d'autre.
6. **Pouvoir voler**. Pour partir loin. Très loin. Dans un endroit où le dossier Bouchard n'existe pas.
7. **Cracher du feu**. Vous avez toujours eu la conviction que Jean-Relou serait plus utile en brochette qu'en être humain.
8. **Contrôler les animaux**. Faire fondre une horde de poulpes volants sur Marie-Pénible pour vous venger, ça a quand même plus de gueule que de lui planquer son Tupperware de Croustibat.

9. **Voyage dans le temps**. Pour aller voir le Chef à 11 ans et le convaincre que le management c'est nul, qu'il aille apprendre le trapèze volant, plutôt. Ça balance dans le vent aussi, mais ça emmerde moins le monde.

10. **Contrôle mental**. Enfin, on peut davantage voir ça comme un don d'ouvrir les yeux aux autres sur la réalité ; bien sûr que vous la méritez, cette augmentation de 300 %.

Bonus : Lire dans les pensées. Pour s'en payer une tranche en écoutant le Chef réfléchir. « Il me faut une autre montre. La stagiaire a de belles fesses. Est-ce qu'il y a des Martiens femelles ? Oh, une lumière ! Il faudrait que je réfléchisse à une stratégie pour le dossier Bouchard. Pfft, non, je vais filer ça à la stagiaire. Elle a de belles fesses. Oh, une lumière ! »

10 conseils pour continuer à buller sévère au bureau

1. **Ayez constamment l'air débordé.**
   Post-it collés partout, multiples fenêtres ouvertes sur vos deux écrans d'ordinateur, feuilles A4 éparpillées du sol au plafond... Si seulement vous aviez le temps de ranger, mais (officiellement) vous croulez sous le travail. Vous êtes complètement charrette.

2. **Ayez toujours un dossier à portée de main.**
   Personne ne viendra vous questionner sur vos allers-retours incessants entre la salle de pause et les toilettes si vous vous baladez d'un pas pressé avec une chemise sous le bras. Et si jamais un curieux vous demande où vous allez, répondez de manière très sérieuse : « Pas le temps, je suis charrette ! » et partez en courant.

3. **Arborez une posture de personne inabordable.**
   Faites preuve de majesté au milieu de l'open-space. Vous n'êtes pas le genre à qui on adresse la parole sans rendez-vous, ça non. Au final personne ne sait ce que vous faites, mais tout le monde pense que c'est important. Le nec plus ultra est de vous inspirer de la prestance et de l'attitude des présidents morts.

4. **Pointez le manque de productivité des autres.**
Posez-vous en ultime rempart face aux performances pas folichonnes de votre service. Expliquez cela par de longs discours pompeux où se croisent tous les truismes du langage managérial : « problème structurel, mindset de l'entreprise, facteurs conjoncturels, etc. ». N'oubliez pas de parler fort en bougeant beaucoup les bras. Si besoin, inventez des mots anglais comme « digital trans-planning » ou « cross-gen turn-over ».

5. **Allez plus loin ! Prenez-vous-en directement aux sous-fifres.**
Votre outrecuidance n'ayant pas de frontières, n'hésitez pas à aller personnellement demander des comptes à ceux qui ne bénéficient pas du prestige de votre rang hiérarchique : les stagiaires, les apprentis, ou même le nouveau CDI en période d'essai. Humiliez-les devant tout le monde, puis repartez jouer à Angry Birds, péperlito.

6. **Travaillez votre gestuelle.**
Que vous soyez en pleine séance de streaming ou en train d'écrire la liste des courses, ne négligez rien. Soupirs appuyés, jeux de sourcils, bras croisés, air interloqué... Si vous savez très bien vous mettre en scène, vous pourrez passer des heures à lire Topito sans aucun souci.

7. **Intervenez souvent, même pour ne rien dire.**
Vous êtes pris au dépourvu par une réunion ? Pas de problème, votre sens de la litote va faire des merveilles. Ne perdez pas une seule occasion de couper la parole d'un intervenant pour enfoncer une porte ouverte et terminer la phrase à sa place. Saupoudrez le tout de quelques termes genre « synergie » et « proactif », et

le tour est joué. Tout le monde a l'impression que vous avez fait la moitié du taf.

8. **Faites quatre minutes d'heure sup' par jour.**
   Là on entre dans la stratégie de haute volée. Essayez d'arriver deux minutes avant vos chefs et de partir deux minutes après. L'ascendant psychologique est conséquent et votre hiérarchie aura, inconsciemment, l'impression que vous passez vos journées et vos nuits au bureau.

9. **Impliquez-vous dans la vie sociale de votre boîte.**
   Anniversaires, pots de départ, retours de vacances... vous êtes là ! Non seulement vous n'en foutez pas une pendant ce temps-là, mais en plus vous passez pour quelqu'un d'affable et d'attentionné.

10. **Sachez détecter vos rivaux.**
    La survie en temps de crise économique, c'est tout un art. Au jeu du plus ramier et du plus glandeur il ne peut en rester qu'un. Pour une fois, mettez-vous vraiment au boulot et repérez les collègues susceptibles de lorgner vers votre place. On ne vous dira pas comment vous en débarrasser, mais les points 3 et 4 devraient vous aider.

10 blagues de bureau à faire à vos collègues d'open-space

1. **Changer la signature e-mail d'un collègue par** ***« GROS BISOUS »***. Potentiel comique maximum si le mail qui suit est une demande d'augmentation.
2. **Faire un print écran du bureau**, supprimer l'ensemble des icônes et mettre l'image en fond d'écran. Et arriver un peu avant pour voir la réaction.
3. **Écrire des messages variés au dos des cartes de visite** juste avant un rendez-vous important. *« Vous me plaisez, rappelez-moi vite »* ; *« J'aime me baigner nu dans l'eau pure des geysers »* ; *« je suis un joli papillon »*.
4. **Dire tout haut et bien fort :** ***« Moi j'ai eu une prime, pas vous ? »*** Ambiance assurée dans la boîte mail du boss l'après-midi. Marche encore mieux si c'est faux.
5. **Créer sur Le Bon Coin une annonce avec un prix imbattable** (exemple : une Ford Mustang des années 1970 à 5 000 euros). Ajouter le numéro de portable de votre cible. Enjoy.
6. **Inverser la prise jack des écouteurs avec celle de mini-amplis** (réglés à fond) cachés sous le bureau. Avec un peu de chance, votre collègue écoute même du Francky Vincent.

7. **Prévenir votre collègue qu'il est attendu en salle de réunion**, où il y a effectivement une réunion mais qui n'a rien à voir avec son taf.

8. **Coller une gommette sur la lentille « infrarouge » située sous sa souris.** Et le regarder débrancher et rebrancher sa souris avant de comprendre.

9. **Mettre un message d'absence automatique sur sa boîte mail : *« Je suis à poil aux Bahamas et je pense ne jamais revenir. »*** Croiser les doigts pour que personne ne le lui fasse remarquer avant son chef.

10. **Emprunter le portable de sa victime**, remplacer le numéro de son boss par le vôtre, et lui envoyer des SMS endiablés. Enjoy !

10 astuces pour faire caca au travail sans se faire démasquer

1. **Trouvez un alibi.**
   Levez-vous avec assurance de votre bureau, en prenant sous le bras quelques documents (qui pourront d'ailleurs s'avérer utiles en cas de pénurie de papier toilette). Si l'on vous questionne quant à la raison de votre déplacement, prétextez avoir des papiers à déposer à la compta, ou un coup de téléphone urgent à passer. Si vous fumez, usez du besoin de nicotine, mais gare aux intrus qui pourraient vous asséner un redoutable « attends, je t'accompagne », qui ne manquerait pas de vous mettre dans une situation des plus délicates alors que vous avez le cigare aux lèvres.

2. **Changez d'étage.**
   Afin de limiter au maximum les risques d'identification, rendez-vous dans les toilettes d'un autre étage, de préférence ceux d'un service où personne ne vous connaît. Dans le cas où vous seriez pris en flagrant délit, votre anonymat sera plus aisément préservé.

3. **Choisissez le bon horaire.**
   S'il vous est possible d'exercer un minimum de contrôle sur vos sphincters, évitez les créneaux horaires identifiés comme « rouges » par Bison futé, à savoir le retour de la pause déjeuner et ses inévitables embouteillages intestinaux. Vous seriez en situation de stress intense et auriez les plus grandes difficultés à dissimuler votre forfait, entouré de tous ces témoins potentiels qui n'hésiteraient pas à vous dénoncer pour le seul plaisir de rire de vous.

4. **Utilisez les toilettes handicapés (s'il y en a).**
Quitte à déféquer au travail, autant le faire dans un endroit spacieux et confortable.

5. **Limitez le bruit.**
Votre pire ennemi est ce honteux « ploc » qui ne manquera pas de vous trahir au moment où vous ferez votre offrande à la faïence. Vous pouvez recourir à des stratagèmes tels que la quinte de toux subite au moment de l'impact, ou, solution plus efficace encore, tapisser le fond de la cuvette d'une généreuse poignée de PQ qui aura pour effet d'amortir le choc.

6. **Effacez les traces ADN.**
Muni de cette merveilleuse invention qu'est la brosse à chiottes, frottez avec application jusqu'à faire disparaître tout résidu de matière fécale.

7. **Masquez l'odeur.**
Le fumet dégagé par votre crotte ne manquera pas d'éveiller les soupçons si vous ne veillez pas à enrayer cette agression olfactive au plus vite. Plusieurs armes sont à votre disposition dans cette lutte : craquer une allumette, vaporiser quelques gouttes de parfum ou imprégner votre feuille de papier toilette de gel antibactérien et le secouer fortement dans les airs.

8. **Préparez votre sortie.**
Une fois la scène de crime nettoyée (voir points 5, 6 et 7), vous devez songer à quitter ce lieu dont avez été le héros. Attendez donc, tapi dans l'ombre, qu'il n'y ait plus personne dans les toilettes. Dans le cas où l'une des étapes précédentes n'aurait pas été menée à bien, cela vous mettra à l'abri d'une certaine gêne...

9. **Ne laissez pas paraître votre culpabilité.** Il ne faut en aucun cas quitter précipitamment la scène du crime, se sauver en hâte vous fera paraître suspect et tous vos efforts seront ruinés par cet élan de panique. Mieux, il vous faut prendre le temps de vous blanchir totalement. Pour cela ouvrez la porte des toilettes d'à côté et allumez-y la lumière, toute personne qui entrera sera ainsi persuadée que vous sortez de cette cabine et ne songera pas le moins du monde à vous attribuer la responsabilité du carnage qui a sévi dans celle d'à côté.

10. **Condamnez vivement les gens de votre espèce.** Offusquez-vous auprès de vos collègues de telles pratiques. Prenez un air des plus dégoûtés et fendez-vous d'une tirade sur le fait que quelqu'un (vous pouvez même aller jusqu'à accuser et donner des noms) a encore osé pourrir les chiottes et que, décidément, il y en a qui sont vraiment des chieurs.

9 étapes d'une réunion relou

1. **La réunion relou commence à 8 h 30.** *« Merci d'être ponctuels, les retards ne seront pas tolérés »*, vous précise aimablement le mail d'invitation (ne vous faites pas avoir, *« invitation »* = présence obligatoire).
2. **La réunion relou a lieu dans une salle louée très loin**, dans une autre localité si possible (desservie par des bus à quatre chiffres, genre le 3456 ou le 274 bis, qui ne viennent jamais).
3. **La rumeur a couru qu'il y aurait un petit déj,** mais en fait il y a de l'eau qui pique, du café et du jus d'orange pour que tout le monde puisse faire des burps parfumés à l'acide et se tortiller sur sa chaise d'envie-de-pipi durant toute la réunion.
4. **Le Grand Grand Chef est là** et il fait un discours avec des métaphores filées. Il évoque Catherine (qui n'est pas dans la salle). Ça dure seize minutes (durée ressentie : quatre ans).
5. **Tout le monde glisse doucement** dans un long coma inconfortable.
6. **Les 150 personnes présentes** sont réveillées en sursaut par le Grand Chef qui demande si elles ont des questions.
7. **Le Grand Chef et le Grand Grand Chef** observent les regards effarés et en déduisent que tout le monde a tout bien compris et que vous êtes tous super contents. Ils déclarent la Grande Réunion relou terminée, et en voiture Simone.

8. **Le Grand Chef et le Grand Grand chef reprennent leurs beaux 4 * 4** Grand Cherokee Super Gasoil Avec Pare-Buffle et repartent vers les locaux habituels en pensant à tous ces enfoirés de pingouins qui ont bien mérité de ne plus avoir de banquise.

9. **Quand vous arrivez à pied une heure plus tard** (non, le bus n'est jamais venu), frigorifié et trempé (oui, il pleut), vous croisez les chefs qui disent, avec un rire qui signifie que c'est très sérieux, que vous avez bien fait de déjeuner en route parce qu'il va falloir rattraper le retard, maintenant, ahah

Le bingo de la réunion

Combo-enchaînement : *« Nous allons très bien. » + « Il faut faire des efforts. »*	Un poste aux Caraïbes ou un prix que tout le monde veut est attribué à quelqu'un qui bouffe avec le Grand Chef tous les midis.	(Le power-point affiché reste immobile) *« Ah… ça ne marche pas. »*	*« Il reste des chaises à l'avant… n'hésitez pas, allez, ne soyez pas timides ! »*
« Ma porte est toujours ouverte. »	« Nous manquons malheureusement de temps pour la session questions/ réponses… »	Mot ALEATOIRE en majuscule un peu COMME ça.	Acronymes improbables dont personne ne connaît la signification : TWT/ RTB/ SRF/ CCU…
« Je ne sais pas s'il est là aujourd'hui… non ? Non ? Bon. »	*« C'est bloqué au niveau des Américains/ du Directoire/ des actionnaires. »*	*« Vous connaissez tous… + nom de quelqu'un que personne ne connaît ».*	*« Vous savez tous… + info inédite qui ne sera jamais écrite nulle part ».*
Blague incompréhensible pour quelqu'un ne faisant pas partie de l'entreprise, et pas drôle pour ceux qui en font partie.	*« Ah, le micro ne marche pas… Ah si. Ah non. Ah si, c'est bon. »*	Montée en grade d'un type imbuvable qui a poussé toute sa précédente équipe à la démission.	Visuel aléatoire en fond de diapo pour illustrer un truc qui n'a aucun rapport (un enfant qui joue ; une coccinelle ; un séquoïa géant).
« On est absolument serein sur… » (Qui signifie : on n'a aucune idée de ce qu'on fabrique et c'est vaguement la panique.)	*« Ça doit continuer… à évoluer. »* (Qui signifie : ça doit changer très très vite, genre hier.)	*« Des questions ?* + *silence pesant* »	Diapo avec des petites flèches insérées n'importe comment (genre « augmentation ß) ¯ »).

La Vie Secrète du Chef

La résidence secondaire
(ou : l'indice qu'il n'y aura pas d'augmentations dans le service)

10 conseils pour faire le sexe au bureau

1. **Essayez de ne pas jeter votre dévolu sur celui ou celle qu'on a surnommée la Succube infernale.** Homme ou femme, sachez-le, les Succubes infernales ont tendance à vous laisser le cœur en tartare et la muqueuse en mycose. (On parle de quelqu'un de cruel, hein, pas de quelqu'un free du slibard, aucun rapport.) Mais bon, on ne choisit pas toujours.

2. **Le sexe en soirée corporate peut sembler une bonne idée, *a priori* - mais *a priori* seulement.** Parce que pour immortaliser son investissement (le mousseux, ça coûte cher), la boîte a recruté un photographe un brin pervers, qui va aller débusquer les couples dans les endroits les plus farfelus. Ah oui, et les photos seront sur le serveur collectif dès demain. Dans un dossier protégé : vous pourrez voir, mais pas supprimer.

3. **La photocopieuse n'est pas faite pour supporter le poids de deux fessiers en rut.** Non. La technologie a ses limites.

4. **Les chaises à piston décideront toujours de se baisser au maximum et à l'improviste**. C'est sympa si vous vouliez justement tester le Mille-Pattes du Vaucluse, sinon non. (Par contre, pour traverser l'open-space embrochés en criant : « Pour la reine et pour l'Angleterre », pourquoi pas.)

5. **Méfiez-vous de la visioconférence**. Vous savez, le chef qui se la pète tout le temps à dire qu'il est en « call-visu » avec Tokyo ? Eh bien à Tokyo, ils sont bien contents de voir que vous êtes, vous aussi, capable de démarrer le programme vidéo (involontairement et rien qu'avec vos fesses).

6. **La moquette, c'est sale et ça brûle les genoux**. Ça n'interdit pas la pacìon, ça veut juste dire qu'il faut prévoir des genouillères (oh, eh, ça va, on peut combiner pacìon sauvage et prévoyance, non ?). Et puis si vous genouillez avec un-e chef-fe, ça vous rapportera des points en entretien annuel pour l'esprit d'anticipation.

7. **Si la *pacìon* sauvage vous prend et que vous n'ayez vraiment aucun endroit où vous isoler, balancez une vidéo de chats à tout le monde.** Pendant que vos collègues cessent toute activité (ce qui arrive invariablement quand on balance une vidéo de chats), mettez-vous cul nu, et en route pour l'aventure.

8. **Vous attendez que tout le monde soit parti à la fin de la journée ? Assurez-vous d'être vraiment seuls.** Le soir, le personnel d'entretien vient dans les bureaux. C'est déjà pas super fun de devoir gagner sa vie en nettoyant des toilettes (où des gens de 35 ans en moyenne n'ont toujours pas appris à viser dans le trou), si vous pouvez éviter d'imposer aux travailleurs du soir votre remake perso du « Support informatique sonne toujours 3 fois », ce serait bien urbain.

9. **Donnez un faux nom** (on ne sait jamais). Ces grandes entreprises anonymes déshumanisées gnagnagna, oui mais au moins, quand votre conquête s'avérera être une plaie, on lui souhaite courage pour retrouver « Alex du 3e gauche » que en vrai vous bossez au rez-de-chaussée (et si vous ne vous appelez pas Alex).

10. **Aucun mail cochon sur la boîte pro. Jamais.** À moins bien sûr de vouloir courir le risque de l'erreur de destinataire et de voir débarquer le Grand Grand Chef dans l'open-space, qui cherche un certain « Cap'tain Zob ».

10 feintes pour passer le temps quand vous n'avez plus du tout envie de travailler

1. **Classer vos stylos** (par couleur de dehors, puis par date de naissance). Ou bien trier le contenu de votre petit placard et réaliser que vous avez eu quatre cartes de visite depuis votre arrivée. Toutes avec une faute sur votre nom de famille.

2. **Du coup, mettre votre CV à jour.** (En n'hésitant pas à bien reformuler. Exemple : *« Je suis capable de faire la tour Eiffel en trombones »* devient *« Je m'épanouis dans les projets au long cours qui nécessitent précision et nerfs d'acier »*.)

3. **Nettoyer votre clavier.** Et voir qu'il y avait entre les touches de quoi alimenter deux familles entières de ratons-laveurs.

4. **Prendre des Post-it à Collègue Parano et les mettre sur le bureau du Chef pendant qu'il fait pipi.** Ambiance assurée pour les six prochains mois. (*« Déjà que je sais qu'il a dit à la compta que je n'avais pas d'augmentation parce que j'étais paraît-il parano, en plus il me vole mes fournitures ! »*)

5. **Installer des fonds d'écran sur les postes des collègues qui sont partis en week-end prolongé** sans éteindre leur poste (au hasard : Yvette Horner qui chevauche un lama sur un fond d'arc-en-ciel). Ça leur apprendra à laisser tourner leur bécane pour rien.

6. **Jeter des petites boulettes de papier** sur le bureau

de Jean-Relou qui est en vacances aux Maldives.

7. **Rechercher vos collègues sur l'Internet magique** et faire des dossiers compromettants.

8. **Regarder les boulets qui écoutent une vidéo** sur le Yodeleï en boucle depuis vingt minutes avec le son à fond, avec des petits couteaux dans les yeux.

9. **Nettoyer votre messagerie** (notamment de toutes les photos de sharpeï dépressifs envoyées sous *« eh, tu trouves pas que ça ressemble à Chef ? »*).

10. **Taper dans Google :** *« chaton déguisé sur aspirateur automatique »*.

La survie

5 smileys interdits dans les mails professionnels

(une hallucination collective a poussé les gens à penser qu'il était tout à fait OK d'en mettre dans les mails pros, alors que non)

1. **« :) »**
   Parce que tout le monde sait maintenant que ça veut dire « tu es complètement stupide, mais j'essaye de garder mon calme ».

2. **« ;o »**
   Parce que ça ne veut rien dire.

3. **« XD »**
   Sérieusement, qu'est-ce qui dans votre boulot quotidien pourrait justifier d'avoir 12 ans et d'être mort de rire ? Hein ? Parce que c'est exactement ce que ce smiley signifie.

4. **« ;) »**
   Parce que votre destinataire va penser que vous voulez lui faire du sexe. Attention : un smiley « ;) » + une phrase qui se termine par « ... » = vous risquez une plainte pour harcèlement sexuel.

5. **« MDR » / « LOL »**
   Parce que non.

5 nourritures interdites dans l'open-space

(sauf si vous voulez vous venger de vos collègues)

1. **Le kebab**
   ça sent l'artère encrassée
2. **Les nems dégelés-refrits**
   ça sent le caca
3. **Les lasagnes au chèvre**
   ça sent le vomi de bébé
4. **La pizza**
   parce que les autres gens qui mangent devant leur écran, s'ils sont en train de s'enfiler des sushis, c'est pas parce qu'ils aiment bien ça, c'est parce que c'est supposé être ultra-sain
5. **Les sushis**
   ça sent l'iode, le soja, et ça gâte l'appétit des gens qui mangent des bonnes pizzas au gras

Bonus : N'importe quel plat contenant du poisson.

Les 10 choses à ne pas dire au Chef (maintenant que vous avez appris à le reconnaître)

1. *« **Ouais, c'est facile de dire que t'es pas là pour l'argent** quand t'es payé 5 000 boules par mois. »*
2. *« **Oui, je souris, mais sache que c'est parce qu'à l'intérieur de moi, je suis au bord d'un torrent de montagne**, en train de profiter du chant des oiseaux et de laver ton sang de mes mains dans l'eau pure et vivifiante. »*
3. *« **C'est moi qui ai fait pipi** dans ta poubelle. »*
4. *« **Oui, faire camion-pouêt-pouêt sur tes collaboratrices, c'est du harcèlement**. Ah oui, même les stagiaires, parce qu'en fait, eh, astuce, ce sont aussi des êtres humains ! »*
5. *« **Effectivement, je n'ai pas fait de droit**. Mais il est à peu près certain que toi tu n'as pas le droit de filmer tes employés aux toilettes. »*
6. *« **Je comprends pas, moi je viens au boulot sans ma famille, ni ma tortue**, ni mon appareil à raclette. Mais toi par contre tu peux venir avec ton doberman ? »*
7. *« **Oui, mon potable était éteint. C'est souvent le cas quand je suis à un enterrement**. Irresponsable ? Oui, je suppose que c'est une manière de formuler ça. »*

8. *« **Oh ! Attends, chhht…** Écoute… Ah ouais. C'est quand même vachement mieux quand tu fermes ta gueule. »*

9. *« **C'est sympa, le bouc**, on dirait vraiment un chauffagiste serial-killer. »*

10. *« **MEURS.** »*

La Vie Secrète du Chef

Le cauchemar
(ou : pendant ce temps, le stagiaire fait de beaux rêves)

5 trucs à ne pas faire à ses collègues

(si vous voulez qu'ils restent vos alliés)

1. **Prendre parti**
   « Il a raison. – Je t'ai rien demandé, enflure ! »

2. **Jouer les supérieurs**
   « Moi si j'étais toi, je... – Je t'ai rien demandé, enflure ! »

3. **Offrir un bilan de compétences gratuit**
   « Avoue que tu as un peu fait de la merde, en même temps... – Je t'ai rien demandé, enflure ! »

4. **Les humilier en public**
   « Dis, c'est toi qui as ruiné les WC ? – ... enflure »

5. **Être franc**
   « Non, j'ai pas trop envie de déjeuner avec toi – Mais moi non plus j'aime pas ta gueule ! »

10 pires chansons à écouter en open-space

(parce qu'elles collent dans la tête pour toujours - si vous ne les connaissez pas, n'allez PAS les chercher)

1. ***Europe - Final Countdown***
   Parce qu'on n'est que mardi matin : c'est pas le final countdow le mardi, c'est la traversée du désert - à la limite, le vendredi à 17 h 30, bon.

2. ***Il était un petit homme, pirouette, cacahouète***
   Parce que si vos enfants te font vivre un enfer, ce n'est pas une raison pour se venger sur les collègues.

3. ***Tout le bonheur du monde***
   Qu'on va vous chanter toute votre vie à chaque mariage, naissance, départ, décès, comme une sorte de malédiction.

4. ***Patrick Sébastien - Le Petit Bonhomme en mousse***
   Parce qu'on est au taf, là, pas à l'heure du pousse-café au Chasseur Gourmand.

5. ***Ozone - Dragostea din Tei***
   Parce que comme personne ne comprend les paroles, qui ne veulent rien dire même en roumain, ça va finir en concours de yaourt de l'Apocalypse.

6. ***J.-J. Goldman - À nos actes manqués***
   Sous peine de passer les dix prochains jours à entendre fredonner « yéhiyéhiyé hiyé » aux quatre coins de l'open-space.

7. ***Stéphanie de Monaco - Comme un ouragan***
   Parce qu'on a déjà récupéré les leggings des années 80's, et franchement c'est déjà trop.

8. ***Lionel Richie - All Night Long***
   Parce que Gégé qui se la joue crooner punk, ça va achever de tuer la motivation des troupes pour les deux années à venir.

9. ***Aqua - Barbie Girl***
   Parce. Que. Non.

10. ***Macarena***
    Parce que c'est officiellement interdit par la convention de Genève depuis 2006.

5 conseils pour rester digne en apéro d'entreprise

1. **Ne pas boire.**
2. **Si vraiment il faut boire** (sinon, il paraît que ça fait pas convivial), ne pas boire beaucoup.
3. **Quand il s'avère que tout est perdu** et que tout le monde est irrémédiablement bourré (vous compris), éviter d'aller faire des confidences au chef (« eh, entre nous, trenous... t'sais, on t'sourit, mais fodon... au fond, on p'se qu'es un tchulé »).
4. **Ne pas sous-estimer la capacité des gens à se déplacer**, même en titubant. Gros Gégé de la compta était peut-être devant la fenêtre il y a cinq minutes, mais là il est derrière vous. Donc à la question : « Et euuuh, tu m'as entendu dire que je pouvais pas encadrer ta sale gueule de facho ? » la réponse est très probablement : « Oui. »
5. **Ne pas oublier ses affaires n'importe où**. Aux toilettes, par exemple. Parce que quand l'heure du dernier bus sonnera, et que vous irez les récupérer, il y aura des gens dans les toilettes, qui ne font clairement pas la clôture des comptes. (Ou alors on en connaît qui regrettent de ne pas être devenus comptables.)

Les 5 pires endroits où cacher les œufs de Pâques dans l'open-space

1. **Dans le casier de Collègue Parano**, qui va appeler les pompiers et emballer les Choko-Bons dans un petit sac à sandwiches à preuve comme il y en a dans les séries (en vrai c'est effectivement son sac à sandwiches), bref il va penser qu'on essaye de l'empoisonner, et il va faire chier.

2. **Dans un pot à crayons**, parce que c'est sans doute l'endroit le plus crade du monde après les coins poussiéreux sous les banquettes du métro.

3. **Dans les placards de la mini-cuisine**, parce que personne n'ouvre jamais les placards de la cuisine, et que quand on les trouvera, ils seront devenus poilus.

4. **Dans le frigo, sans étiquette** (dans le frigo, on ne prend QUE ce qui a une étiquette avec le nom de quelqu'un d'autre, c'est connu).

5. **N'importe où** où on va mettre plus de dix minutes à les trouver, vu qu'avec les 80 péquins et les ordis qui tournent, il fait 47 °C dans l'open-space.

Bonus : Bon, cachez-les chez vous, plutôt.

10 conseils pour survivre au voisin qui se plaint*

1. ***Jouez la surenchère.***
   Il a mal au dos ? Vous avez une hernie. Il a choppé un rhume ? Votre médecin vous a ordonné des analyses, car il craint un cas rare de peste vauclusoise. Sa conjointe laisse du dentifrice dans l'évier ? La vôtre vous a quitté pour votre mère.

2. **Souriez en le regardant systématiquement droit dans les yeux.**
   À moins qu'il ne soit geignard et impoli, il devra sourire aussi. Et quand on sourit, c'est mécanique, on a moins envie de tirer la tronche.

3. **Chantonnez des airs qui mettent irrésistiblement la patate.**
   The Eye of the Tiger, ou Il en faut peu pour être heureux. Si ça ne lui met pas la frite, ça lui mettra la chanson dans la tête pour huit jours. Toujours ça de gagné.

4. **Répondez par une douce ironie en disant que oui, c'est terrible, les petits enfants africains, eux, au moins, ils meurent du sida, mais ils ont des petites lingettes dans les toilettes !**
   Un peu de culpabilité devrait calmer le jeu.

5. **Tournez son défaut en avantage pour tous les collègues.** Chauffez-le et envoyez-le au front. « Mais ouais mais ouaaais, mais t'as raison, gros ! Te laisse pas faire ! On veut des petites viennoiseries et les 35 heures, mais OUAIS ! On est TOUS derrière toi ! VAS-Y !!! »
6. **Emmenez-le distribuer des repas aux Restaus du cœur.** Au moins trois jours de bouche fermée garantis ; même chez les gros gros relou.
7. **Envoyez-lui des vidéos de petits pandas dodus qui trébuchent.**
8. **Faites-le boire**
   à midi.
9. **Plantez des punaises sur son siège, débranchez sa souris.** Vous n'avez pas fini de l'entendre geindre, mais au moins, il aura enfin une bonne raison de se plaindre.
10. **Répondez en permanence par un positivisme sans faille et des petits proverbes de mamie.**
    « À chaque jour suffit sa peine ! » ; *« Après la pluie, le beau temps ! »*. Il tiendra une journée, puis se fera mettre en arrêt-maladie longue durée.

* *(29 % des gens appréhendent davantage le voisin qui se plaint que le voisin qui pue - une petite pensée pour les cumulards)*

Le bingo de la réunion (niveau hardcore)

« Il reste encore des places juste à côté de moi. Je vous attends... Non mais je vous attends vraiment. »	*« J'vous préviens, on sort pas de là tant que vous avez pas tous signé la Charte de la Gentillesse et du Respect ! »*	*« Bon, que celui qui a mis ce papier dans la boîte à questions anonymes se dénonce. »*	*« On a sollicité toutes vos lumières pour la carte de bonne année aux clients, mais vous avez été nuls. On va faire comme ma femme a dit : un lip dub. »*
« Les rumeurs comme quoi je fais du tourisme sexuel en Asie sont totalement infondées, c'est un photomontage ! »	*« Bon, tout le monde sait que Jo de la compta est en congés longue durée pour cause de cancer, donc... comment ça "c'était confidentiel" ? »*	*« Il y aura des augmentations, mais pas pour ceux qui ont osé suggérer que j'attribuais les augmentations sur la base du favoritisme. »*	*« Et ça, c'est les photos du Comité de direction en séminaire aux Maldives ! C'est con qu'on n'ait pas pu tous vous inviter, c'était vraiment sympa. »*
« On vous a tous inscrits à Courir pour les Enfants d'Afrique. Les enfants on s'en fout, mais ça vous fera pas de mal de bouger un peu vos culs. »	*« On applaudit tous Alex qui a perdu 25 kilos grâce à sa dépression ! Vas-y Alex, sois pas timide, lève-toi, qu'on t'admire ! »*	*« Récemment, on a recruté des personnes compétentes, mais moches. Maintenant que c'est moi qui suis en charge, j'vous l'dis, ça va changer. »*	*« Comment ça "en sous-effectif" ? Mais on a pris huit élèves de 3e en stage de découverte ! »*

5 astuces pour survivre au voisin trop bavard

1. **Ne pas répondre**. Non, même pas « hm-hm ». Tout son proféré est un encouragement potentiel (n'éternuez pas non plus : on ne sait jamais).

2. **Portez votre casque,** et quand il parle, bougez la tête au rythme de la musique. Même si vous n'en écoutez pas.

3. **Quand il vous noie d'informations non sollicitées, affirmez d'un ton tranquille que vous devez aller aux toilettes.** S'il remarque que vous faites pipi 37 fois par jour, laissez entendre que vous avez une maladie terrible qui peut avoir pour effet secondaire une ultra-sensibilité auditive et de graves crises subites de violence incontrôlée.

4. **Branchez-le/la avec Sabrina**, la secrétaire de direction qui s'emmerde à mort toute la journée à agrafer des trucs et à surveiller une salle de réunion vide en pensant à son bac +7, les larmes aux yeux.

5. **Faites-le culpabiliser**. S'il demande des infos sur vous, votre famille, votre régime alimentaire, répondez d'une voix sépulcrale : « *Je suis Solitude. Le goût de la chair m'a délaissé ; la boisson m'indiffère ; j'erre sans but dans le dédale d'un quotidien absurde, entouré-e des fantômes d'un futur avorté.* » Allez-y à fond. Le but, ce n'est pas qu'il vous propose de venir chez lui pour le dîner de Noël, mais qu'il pense que votre ancien voisin d'open-space a fini dans votre congélo.

15 pièges à éviter pour le repas du midi

1. **Le collègue radin**. Il lui manque tous les jours 1 ou 2 euros. Il attendra le dernier moment pour vous dire qu'il est embêté, mais qu'il vous rend ça demain, promis. **Comment le repérer ?** Il met des rince-doigts dans sa poche et prend du pain au-delà du raisonnable.

2. **Commander par mimétisme**. L'entrée-plat-dessert-café-digestif alors que vous êtes encore ivre de la veille et que la seule chose que vous avez vraiment envie de manger, c'est une bonne nuit de sommeil et éventuellement un bol de bouillon, ça va faire très mal.

3. **Le collègue néo-végétarien**. Les végétariens de longue date sont en général tolérants. Ceux qui ont rejoint depuis peu ce mouvement sont encore portés sur le prosélytisme : « Ta cuisse de poulet, là, elle a l'air gorgée de farines animales, ça fait froid dans le dos... et tes frites, elles sont cuites à l'huile végétale ? Tu sais pas ? Si tu veux mourir à 40 ans, c'est ton problème... » **Comment le repérer ?** Il vous le dit depuis 9 heures ce matin : « Je sais pas si je te l'ai dit, mais je suis végétarien, moi... »

4. **Le collègue apprenti cuisinier :** Il a regardé *Top Chef* hier, et il peut t'affirmer que cette béchamel est en dessous de tout. Est-ce que tu savais que lorsqu'on ajoute du fromage pour lier une béchamel, on a une sauce Mornay ? Non, tu ne le savais pas, et tu t'en foutais, parce que là, tu veux juste finir ton poisson tranquille. **Comment le repérer ?** Il demande au serveur du self si le hachis Parmentier a été assaisonné à la fleur de sel de Guérande.

5. **Les restaurants post-apocalyptiques** où on sert tous les jours de toute l'année du japonais, du chinois, du coréen, des kebabs et de la pizza. Ça ne peut que mal finir.

6. **Le collègue alcoolique chronique**. Il a attaqué l'apéritif quand tu prenais ton café à 10 heures, et il a jugé utile de s'enfiler un demi pour « éviter la cohue » devant le restaurant d'entreprise. Il ne touchera pas à son plateau, parce que « manger, c'est tricher ». **Comment le repérer ?** Il t'explique d'emblée que ce serait plus économique de partager une bouteille plutôt que de prendre deux verres, même si tu ne bois pas.

7. **Ah oui, tiens, on prend du vin ?** Non. Boire le midi, c'est le mal, tout le monde sait ça. Même si vous arrivez à ne pas tituber sur le chemin du retour, vous allez sentir la vinasse jusqu'à 18 heures, et on va vous confondre avec le collègue alcoolique (voir point 6).

8. **Le collègue qui fait des blagues de cul** entre chaque plat : la convivialité ultime, selon lui, c'est l'extrême vulgarité de ses bons mots. « T'as pris la mousse au chocolat ? Fais gaffe, c'est aphrodisiaque, le bureau va se lever tout seul cet après-midi, HAHAHA... » La dernière fois que vous lui avez dit qu'il était lourd, il vous a dit : « Oh, ça va, pète un coup ! »... **Comment le repérer ?** Il prend toujours des clémentines et une banane sur le plateau de fruits, au cas où.

9. **Le collègue qui a besoin de parler.** Un divorce, une injustice au bureau, un client qui lui a dit qu'il était le pire commercial qu'il ait jamais vu de sa vie, un contrôle fiscal ou un devis ahurissant pour le contrôle technique de son monospace... Toutes ces misères, il faut que ça sorte, idéalement devant une macédoine de légumes ou une salade piémontaise. **Comment le repérer ?** Un journal à la main, un article repéré, il a déjà fomenté son plan. « Hausse de la TVA ?... Ça pouvait pas mieux tomber... avec mon divorce qui se prépare... Tu sais que je vais devoir vendre la maison avec cette histoire ?... Non, pas l'histoire de TVA, je te parle du divorce ! »

10. **Le collègue qui vous pique toujours votre dessert.** Il a une conception « communautaire » de votre assiette. Il dit « Tu permets ? » 83 fois par repas et tente d'apaiser votre irritation par des bons mots bien sentis : « T'inquiète pas, j'ai pas la gale ! » **Comment le repérer ?** Il prend systématiquement le plat alternatif, « Tu prends quoi toi ? L'île flottante ? OK, je vais tenter la mousse alors. »

11. **Se moquer des fantaisies alimentaires des autres.** Parce que le jour où tout le monde se rendra compte que vous mangez la salade niçoise par ordre alphabétique d'ingrédients, votre vie deviendra un enfer (chacun son tour).

12. **Le collègue maniaque de l'hygiène.** La petite lingette humidifiée sortie en début de repas vient chaque midi interférer avec l'appétissante odeur des flageolets. Le maniaque brique consciencieusement sa table, son plateau et ses couverts en roulant des yeux, exaspéré par l'hygiène déplorable qui règne dans cette salle commune. **Comment le repérer ?** Il saisit son plateau avec des mouchoirs en papier.

13. **Le collègue qui tient à animer la tablée.** Vous n'avez pas eu une matinée facile et vous comptez décompresser le temps de la pause déjeuner. Raté : votre voisin de table a décidé de vous raconter une anecdote hilarante qui lui est arrivée pas plus tard que ce matin lorsqu'il garait sa bagnole. À tout hasard, il vous conte sa mésaventure suffisamment fort pour attraper un public nouveau parmi les tablées voisines. **Comment le repérer ?** il est déjà plié de rire avant d'avoir commencé à raconter.

14. **Le collègue qui a des médicaments à prendre.** On a tous, à un moment de notre vie, eu à avaler des comprimés à chaque repas. Alors pourquoi celui qui en prend juge indispensable de justifier le contenu de son ordonnance ? « Je suis obligé de prendre ça, à cause de mes problèmes de transit... et du coup, j'ai ces gélules pour les gaz... ça, c'est autre chose, c'est un complément vitaminé... » **Comment le repérer ?** Un sachet blanc dans une main, la notice fraîchement dépliée de ses comprimés dans l'autre, le malade mime en général une pathologie plus visuelle que celle qu'il a vraiment : il renifle, il tousse, voire il boite.

15. **La pizza au camembert** (sauf si vous vous posez tranquillement à une table et que soudain, l'animateur de tablée, le collègue qui a besoin de parler de son divorce, le malade imaginaire et l'amateur de blagues de cul viennent s'incruster auprès de vous).

Toujours garder sa dignité.

5 statuts Facebook autorisés

(puisque vous avez choisi de vivre dangereusement en ajoutant vos chefs et vos collègues)

1. ***« Charrette… + petit smiley qui pleure »***
   À ne pas confondre avec « Bloqué pour la nuit avec ces gros connards, m'attendez pas les amis… » (= statut interdit)

2. ***« Playa J - 1 + petit smiley qui rigole »***
   À ne pas confondre avec « P'tin enfin les vacances, pas fâché de quitter ces gueules de cons pour deux semaines » (= statut interdit)

3. ***« La fin d'une belle aventure… j'espère qu'on ne perdra pas contact malgré mon nouveau travail ! »***
   À ne pas confondre avec « Adieu les enfoirés, cinq ans que je branle rien à part envoyer des CV ! » (= statut interdit)

4. ***« Grrr, pas cool toutes ces voitures ! + smiley qui rage »***
   À ne pas confondre avec « Passer deux heures dans les embouteillages pour arriver et se prendre une réflexion par un gros beauf, ça n'a pas de prix… pour tout le reste, et ça aussi, il y a mon boss… » (= statut interdit)

5. ***« Un peu mal au crâne, mais une soirée super sympa tous ensemble ! »***
   À ne pas confondre avec « Ahah, ce salaud de Fouchard qui se pinte la gueule et finit la Rolex dans le vomi ! J'ai les photos… » (= statut interdit)

7 astuces pour survivre au voisin qui veut devenir ton ami

1. **Parler de vos hobbies underground** (vous aimez empailler les petits animaux mignons).
2. **Évoquer votre passé de grande délinquance**, ou faire des allusions nostalgiques à vos années d'internement, en laissant planer un silence malicieux sur les raisons de votre présence en institution psychiatrique.
3. **L'abreuver d'informations qu'il n'a pas demandées :** tout ce que vous avez mangé hier soir, le déroulé exact du spectacle de fin d'année de votre neveu, la liste complète des morceaux que vous savez jouer au triangle. De préférence, pendant qu'il est au téléphone avec un client.
4. **L'inviter à des événements familiaux** très privés pour le mettre mal à l'aise, et s'il accepte, monter d'un cran et le présenter comme votre meilleur, votre seul ami : enterrement, anniversaire de mariage de vos grands-parents dans la Creuse, cérémonie de scarifications rituelles (oui c'est dans la famille, en tant qu'ami, vous avez même obtenu qu'il puisse participer).
5. **Vous habiller pareil** et s'arranger pour qu'il vous surprenne à lui renifler discrètement les cheveux ou à récupérer ses cure-dents dans la poubelle.
6. **Lui envoyer un morphing de vos deux visages** pour visualiser ce à quoi pourrait ressembler un être qui rassemblerait vos caractéristiques à tous les deux. Il ne s'agit pas d'avances sexuelles, mais de créer artificiellement un être humain supérieur, expliquez-lui avec sérieux.

7. **Marmonner par-devers vous :** *« Les tuer tous, mon Précieux ? Tous, tu dis ? Oui, tous, tous, mon Précieux... »*

Si tout échoue : démissionner.

5 astuces pour survivre au collègue Quipu

(parce que 32 % des gens pensent que le pire voisin en open-space, c'est celui qui sent un peu fort - oui, bon, qui pue)

1. **Toujours porter un foulard**. Vous donnerez peut-être l'impression de subir une adolescence tardive et torturée si vous passez votre temps à vous cacher la face dans votre étole, mais ça peut vous sauver la vie (et bien malin qui pourra voir que, sous votre foulard de gothique, vous avez un masque à gaz !).

2. **Investir dans un petit absorbeur d'odeurs** (c'est risqué, parce que l'odeur de fesses pourries peut rapidement devenir une odeur de fesses pourries au pin des Landes, mais ça se tente).

3. **Faire barrage avec un pot d'eucalyptus**. Un gros pot. Un très, très gros pot. Un très, très, très gros pot.

4. **Dormir la fenêtre ouverte** en plein mois de Février pour avoir le nez bouché.

5. **Vous barbouiller les narines de Vicks** - eh, c'est ce que font les médecins légistes dans les films policiers, ça doit marcher, non ?

Si tout échoue : démissionner.

10 films mignons-kikinou de votre enfance à vous repasser mentalement quand tout le monde vous pète les coudes

1. ***Le Roi Lion***
   Imaginez que vous êtes Scar et que Jean-Relou est Mufassa, qui tombe auuuu raaaleeentiii dans un goulet rempli de gnous au galop.

2. ***Qui veut la peau de Roger Rabbit***
   Quand vous plongez Marie-Pénible dans La Trempette et que vous l'entendez hululer : « Je fonds, je foooonds ! »

3. ***Basil détective privé***
   Quand Ratigan-Collègue-Boulet tombe de la tour de Big Ben : décéder après avoir été obligé de manger anglais toute sa vie, ça c'est un châtiment à la hauteur.

4. ***Peter Pan***
   Quand Collègue Facho tombe dans la gueule du crocodile géant qui fait tic-tac – tu l'entends le tic-tac ? C'est ma patience qui s'écoule lentement hors de moi et dont le dernier grain de sable va t'arriver dans l'œil.

5. ***Le Livre de la jungle***
   Quand Chef Sher Khan Incompétent se fait brûler vivant – oh, oui, ouiii, fuis dans le lointain avec la queue qui fume.

6. ***La Petite Sirène***
   Quand vous embrochez Collègue-qui-parle-aigu sur

la proue déchiquetée d'un bateau fantôme, en toute simplicité.

7. ***Rox et Rouky***
Quand vous partez enfin traquer cette saloperie de Renard-Collègue-qui-bouffe-des-nems-au-poisson-tous-les-midis avec toute une meute de dogues affamés – vis dans la peur, mec, on finira par avoir ta peau.

8. ***Taram et le Chaudron magique***
Quand vous renvoyez le Grand Grand Chef dans les profondeurs infernales dont il a émergé.

9. ***La Belle et la Bête***
Quand cette enflure de Collègue-Gaston-Je-te-pique-ta-com' fait une chute de 3 kilomètres environ jusque dans un ravin.

10. ***Aladin***
Quand vous enfermez Collègue-qui-fait-des-blagues-pourries dans une toute petite lampe pour l'éternité ; qu'il aille donc vous foutre Christine Boutin nue en fond d'écran maintenant, AHAHAHA ! – du calme.

5 trucs qui vont sans doute se passer si vous faites appel au service informatique

1. **Les voir afficher des cookies embarrassants**. Vous pensiez avoir tout effacé de votre visite sur Passion-Vinyle-Coquin.com ? Bah non.

2. **Les voir ne rien afficher mais les entendre murmurer :** *« Ah bah, t'as finalement appris à supprimer ton historique, hein ? »* Ce qui est presque pire. Ils savent quoi, exactement ? (Plus rien ne pourra plus arrêter votre crise de parano ; d'ailleurs Collègue Parano vous regarde d'un air compatissant.)

3. **Les voir entrer deux commandes et afficher un message d'erreur :** *Attention autodestruction complète dans 5... 4... 3... Là en général le type dit « bon bah, c'est mort, hein »*. Et quand vous expliquez que vous avez une présentation hyper-importante à préparer pour dans dix minutes, il se marre. Et ce n'est pas un rire qui signifie « ahah mais pas de problème ! », mais plutôt « ahaha t'es bien dans le caca toi, hein ? ».

4. **Les voir faire *« clic »*, et hop** c'est réparé. Pas humiliant du tout.

5. **Penser que vous allez au moins observer ce qu'ils font pour pouvoir reproduire la manœuvre si besoin.** À ce stade, habituellement, le type fait : « *Ah ouaaais, c'est le blup... alors... attends... t'utilises quel floubischt ? Bruft ? Non ? Vilziuf ? Tu sais pas ? (Là, une vague de dédain vous frappe en pleine face.) Bon. En fait *clic*, regarde, *raccourci clavier à douze doigts*, tu piufbqsgjyd, *douze fenêtres qui s'affichent simultanément puis disparaissent*, tac-tac... *tape-tape-tape* tu ouvres sous tyflziuioshc. Et voilà.* » *(Re-dédain.)* Et voilà, et voilà. C'est ta mère, « *et voilà* » !

45 trucs qu'on ne peut JAMAIS dire au travail, de toute façon (dommage)

C'est triste, mais il y a des choses que l'on ne doit jamais dire au travail, de toute façon. Non, même pas « pour plaisanter », parce qu'on ne sait jamais qui on peut vexer sans faire gaffe, et qui va aller raconter à tout le monde qu'on reste tard le soir pour photocopier ses organes génitaux.

1. *Ta gueule.*

2. *Tu pues.*

3. *Désolé-e, j'écoutais pas.*

4. *Ouais, bon, je fais genre ton projet m'intéresse, mais en fait j'ai juste une question : t'as déjà fait le sexe au travail ?*

5. *J'en ai rien à foutre.*

6. *Tu sais, ce serait déjà moins pénible pour nous tous si tu te lavais les dents de temps à autre.*

7. *Ce pantalon est officiellement interdit depuis 1989.*

8. *Non.*

9. *Non, tu t'habilles comme tu veux. Mais c'est mon droit de me foutre de ta gueule.*

10. *Tu me pètes les steaks.*

11. *Je crois que je préférerais encore être en train de lécher le vomi poussiéreux coagulé dans les coins sous les sièges du métro.*

12. *Incroyable à quel point tu as l'air fier d'être con.*

13. *Mais le déo, c'est contre ta religion ?*

14. *J'espérais du fond du cœur que ce n'était pas à moi que tu venais parler.*

15. *T'as vraiment des couilles énormes, non ?*

16. *Avec ces lunettes, tu ressembles à un serial-killer hollandais.*

17. *J'aime bien tes fesses, tu veux pas me parler de dos, plutôt ?*

18. *On est ce qu'on mange et je te vois bouffer de la merde tous les midis.*

19. *Tu ressembles vachement à Nadine Morano, quand même. Non, pas physiquement.*

20. *Casse-toi, j'ai des projets perso importants à gérer.*

21. *Si, tu me déranges, quelle question con.*

22. *C'est pas que le projet ne me semble pas intéressant, c'est que j'ai pas du tout envie de bosser avec toi.*

23. *Je peux te mordre ?*

24. *Tu me rappelles ce gars que je pouvais pas encadrer. Vous vous ressemblez vachement.*

25. *Non.*

26. *NON.*

27. *Pas du tout, je trouve que traiter toute ton équipe de connards incapables est parfait pour créer une ambiance à la fois productive et humainement épanouissante.*

28. *Arrête de regarder mon écran.*

29. *ARRÊTE de regarder mon écran.*

30. *ARRÊTE-DE-REGARDER-MON-ÉCRAN.*

31. *J'arrive pas à croire que tu gagnes trois fois plus que moi alors que tu ne sais même pas faire tes lacets.*

32. *Parce que.*

33. *Non.*

34. *Je t'en pose, moi, des questions ?*

35. *Quitte à me piétiner pendant que je suis à terre, n'oublie pas de me mettre un coup de talon dans les yeux. Tant qu'à faire.*

36. *Ça ne m'intéresse pas.*

37. *Ça m'intéressait jusqu'à ce que tu m'en parles - et puis tout de suite, c'est devenu très chiant.*

38. *Vous me faites chier, je me casse boire des bières.*

39. *Non mais il doit y avoir un gros malentendu : on n'est pas amis.*

40. *Tu ressembles à un gros gigot moisi avec une perruque.*

41. *Non.*

42. *NON.*

43. *Vous êtes vraiment une belle grosse bande d'enculés.*

44. *Non.*

45. *J'arrive pas à croire que je suis entouré(e) uniquement d'hypocrites vulgaires et condescendants.*

La Vie Secrète du Chef

En réunion
(ou : image-mentale cadeau à utiliser en cas d'entretien individuel)

10 phrases pour commencer un discours de départ un peu rock'n'roll

(c'est fini, c'est le moment d'en profiter)

1. *« Après quatre ans au chaud payé-e à rien foutre, je suis ravi-e de vous annoncer que je pars pour faire encore plus rien, payé-e encore plus cher. »*

2. *« Votre cadeau d'adieu est le symbole émouvant de votre radinerie totale et de vos goûts de merde. »*

3. *« Que les jaloux se rassurent, ce départ n'est pas tant une réelle évolution professionnelle qu'une fuite désespérée devant la masse de connards furieux qui grandit chaque jour ici. »*

4. *« Vous trouverez dans mon répertoire "À traiter" tous les dossiers urgents et en souffrance depuis le début de ma recherche d'un nouveau poste, c'est-à-dire 2007. »*

5. *« Avant de partir, je voudrais dire que vous ne me manquerez pas du tout. »*

6. *« C'est, d'un point de vue sociologique, avec un certain regret que je quitte ce champ d'étude fascinant. Je n'ai jamais vu autant de gens avec absolument zéro utilité rassemblés au même endroit. Je finirai simplement en vous recommandant d'acheter mon livre : "Communica-con, six années parmi les branlos", aux Presses universitaires de France...*

7. *« Les vrais savent. Les autres peuvent garder contact avec moi à l'adresse bibibi@altavista.fr. »*

8. *« Allez, on peut en rire maintenant, c'est moi qui pissais dans les ficus. »*

9. *« Je pars, mais je ne vous oublie pas. Je sais où vous habitez. Tous. Avec. Vos. Familles. Chacun. D'entre. Vous. »*

10. *« Au revoiiiiir Président, au revoir, au revoir Présideeeeeent ! »*

Table des matières

Remerciements

Merci à tous les collègues-boulets sans lesquels je n'aurais pas pu faire ce livre. Vous fûtes une source d'inspiration continue et toujours renouvelée.

Merci aux collègues cool grâce auxquels j'ai pu survivre : Georges, bien sûr ; André « Lièvre du Bengale » Braquemard ; à cette connasse de Satana ; ODA ; CTCG ; Désertix ; Claire ; Fanny.

Merci à Marie et Chloé, pour leur disponibilité, leurs relectures, les photos de bébé-paresseux et le pinard.

Merci à l'équipe Tut-tut !

Merci, infiniment, à l'inventeur du vendredi soir. Quant à celui du lundi matin, j'espère qu'il est à sa juste place : en Enfer, à marcher pieds nus sur des Lego.

Topito remercie :

Ronan, topiteur en chef pour ses contributions. Aurélien7 qui bulle au bureau, MerciAlfred pour son Office-War, Repliquopathe qui dit bonjour tout le temps, et Cos pour ses astuces.

Découvrez aussi, dans la même collection :

Prix : 9,90 euros
Format : 12,7 x 19,2 cm
Pages : 176
ISBN : 978-2-36704-043-1

Prix : 9,90 euros
Format : 12,7 x 19,2 cm
Pages : 176
ISBN : 978-2-36704-044-8

TÉLÉCHARGEZ DES BINGOS BONUS !

À imprimer et distribuer à vos collègues préférés.
Prêt pour cocher ?

Rendez-vous sur la page :

www.tut-tut.fr/bingos-openspace

ou scannez ce code

Achevé d'imprimer par Novoprint
Dépôt légal : septembre 2014

Imprimé en Espagne